物理好难学啊……

这个好办，给你讲几个故事，
看几张图，你就会了。

真的有这么容易？

来吧，我们现在就开始！

随身版

陈磊·混知教育团队 著

青岛出版集团 | 青岛出版社

图书在版编目(CIP)数据

知识点有画面·物理早知道4 / 陈磊·混知教育团队著. —青岛：青岛出版社，2023.3

ISBN 978-7-5736-0982-3

Ⅰ.①知… Ⅱ.①陈… Ⅲ.①中学物理课—初中—教学参考资料 Ⅳ.①G634

中国版本图书馆CIP数据核字（2023）第018930号

ZHISHIDIAN YOU HUAMIAN · WULI ZAO ZHIDAO (4) (SUISHEN BAN)

书　　名　知识点有画面·物理早知道（4）（随身版）

作　　者　陈磊·混知教育团队

出版发行　青岛出版社（青岛市崂山区海尔路182号）

本社网址　http://www.qdpub.com

邮购电话　18613853563

策　　划　马克刚　贺　林

责任编辑　金　汶　贺　林

特约编辑　顾　静

装帧设计　王晶璎

印　　刷　天津联城印刷有限公司

出版日期　2023年3月第1版　2023年3月第1次印刷

开　　本　32开（880mm×1230mm）

印　　张　4.5

字　　数　120千

书　　号　ISBN 978-7-5736-0982-3

定　　价　49.00元

编校印装质量、盗版监督服务电话　4006532017　0532-68068050

目 录

第十八章

电如何做功？

电如何做功？

第一节

电能、电功和电功率

随着战斗越来越激烈，
敌人的装甲部队也投入到战争中。
这些装甲部队“皮糙肉厚”，
普通的武器对它们根本无法造成威胁。
你们两个，跟我到城墙上操作电磁炮。只有电磁炮的火力才能阻止敌人的装甲部队！

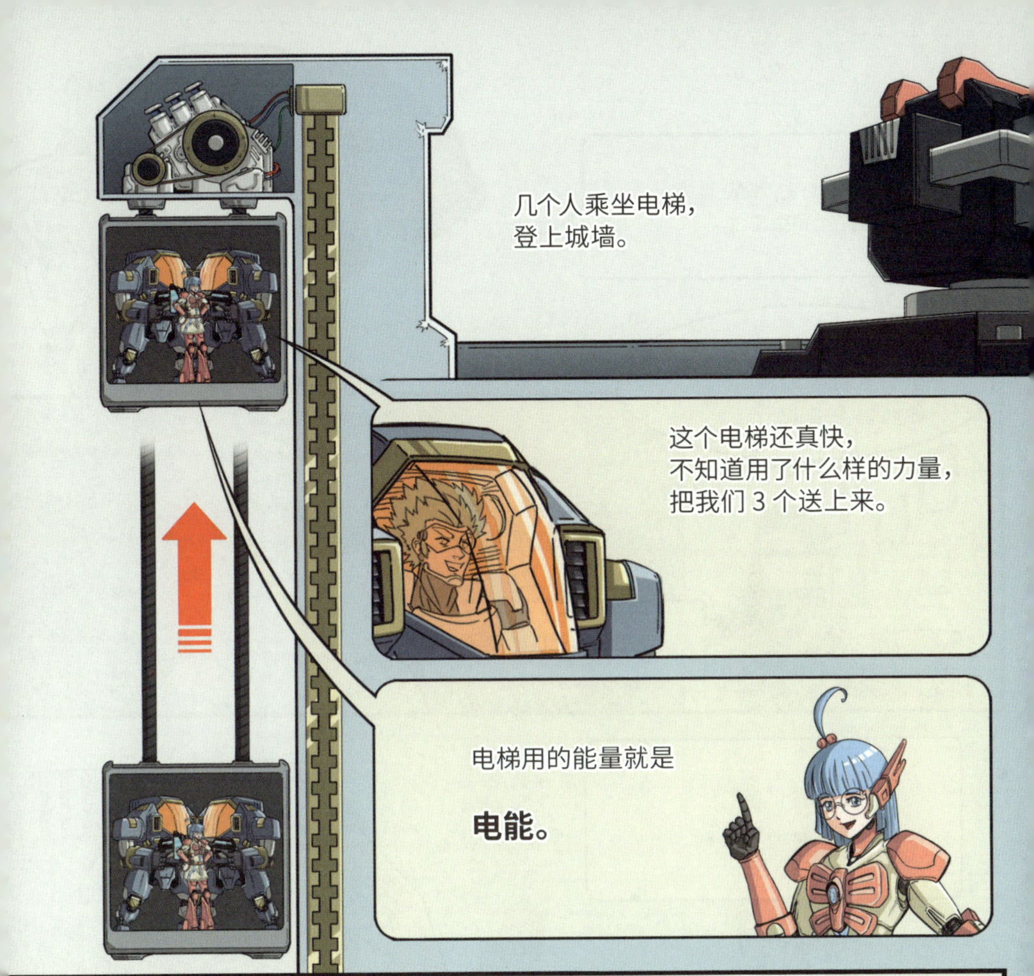

几个人乘坐电梯，
登上城墙。

这个电梯还真快，
不知道用了什么样的力量，
把我们 3 个送上来。

电梯用的能量就是

电能。

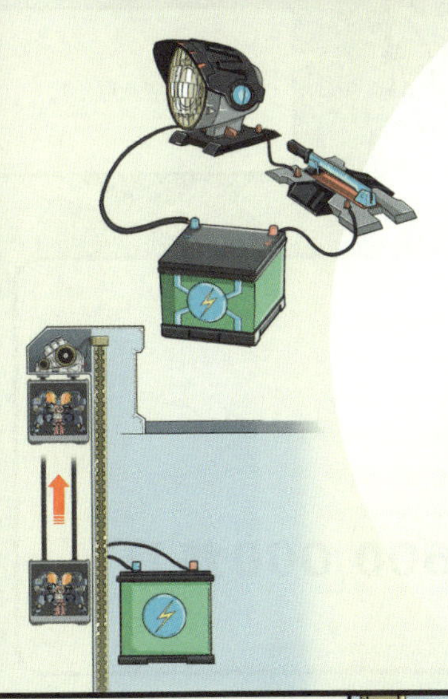

我们在前面讲过，
电源可以让小灯泡亮起来，
其实就是电源为小灯泡提供了电能。

电梯也是因为有电源为其提供电能，
才能够正常运行。
一般来说，能量都有单位，
电能的单位就是千瓦时，
符号是 kW·h。

这里混子哥补充一下：

我们之前还学过一个能量单位，叫作焦耳。
这两个单位是可以换算的：

1千瓦时 = 3 600 000焦耳

电梯上升，靠的是电动机的牵引。

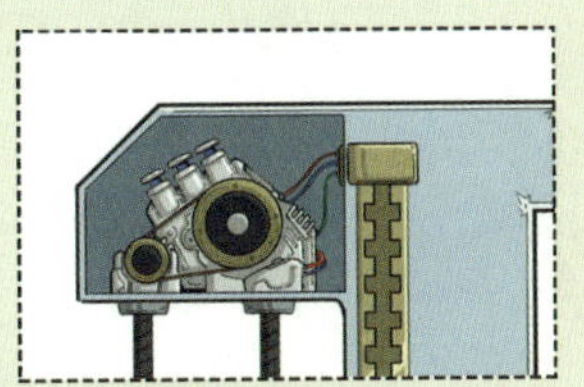

电动机工作的时候，把**电能**转化成**机械能**。

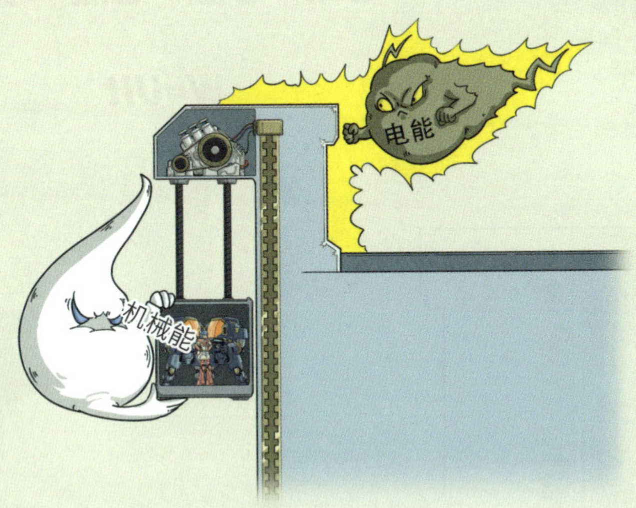

在这个过程中，电动机通电转动，
也可以说是**电流做功**向外 **输出动能**。

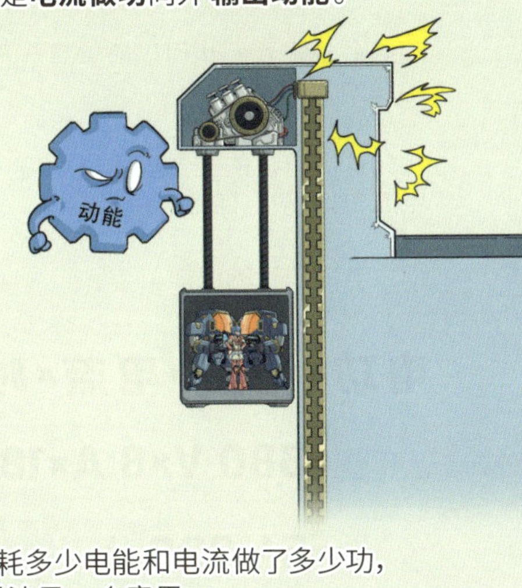

所以，消耗多少电能和电流做了多少功，
这两种说法是一个意思。

电功也有一个计算公式：

电功=电压×电流×时间

W=UIt

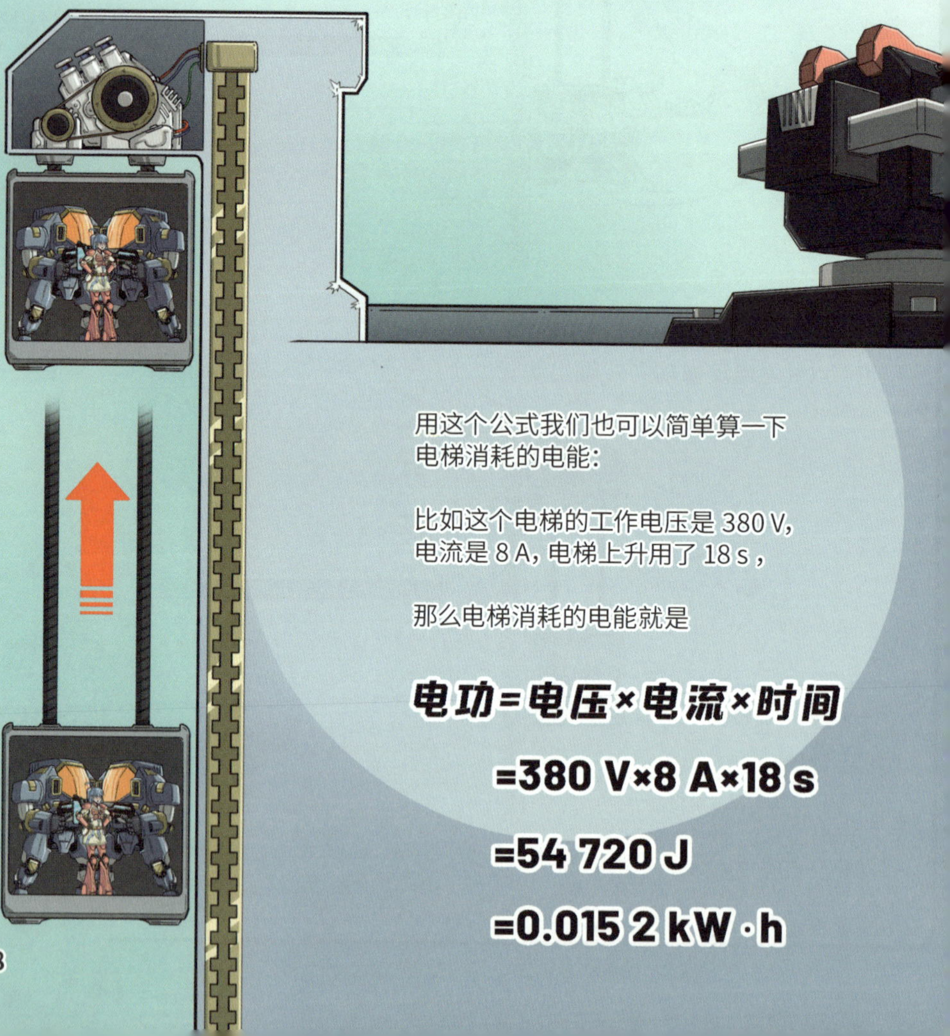

用这个公式我们也可以简单算一下电梯消耗的电能：

比如这个电梯的工作电压是 380 V，电流是 8 A，电梯上升用了 18 s，

那么电梯消耗的电能就是

电功=电压×电流×时间

=380 V×8 A×18 s

=54 720 J

=0.015 2 kW·h

下面这个就是电能表，专门用来记录消耗多少电能。

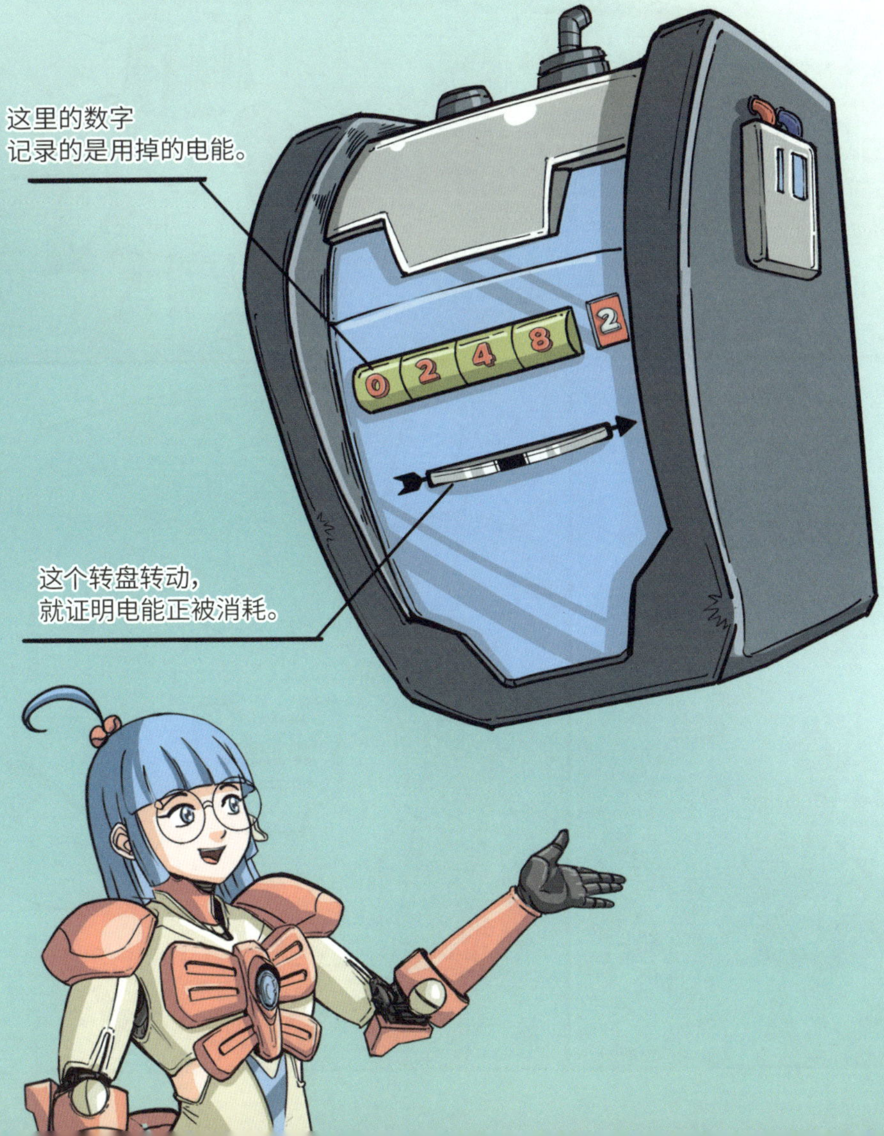

这里的数字
记录的是用掉的电能。

0 2 4 8 2

这个转盘转动，
就证明电能正被消耗。

大能对这个电梯和电能十分感兴趣，
来来回回坐了几次电梯，又观察了一会儿电能表，
然后兴冲冲地跑到满芬这里。
满芬，我看了一下那个电能表，
发现一个很有趣的现象！
当电梯运行时，
电能表的转盘转得快。
02510

只打开电灯时，
电能表的转盘转得慢。

这很简单，因为转盘转得快慢，跟消耗电能的快慢有关。

电梯运行时，
电流做功快，
电能消耗快，
转盘转得快。

电灯被点亮时，
电流做功慢，
电能消耗慢，
转盘转得慢。

这种电流做功的快慢，
在物理学上我们叫它

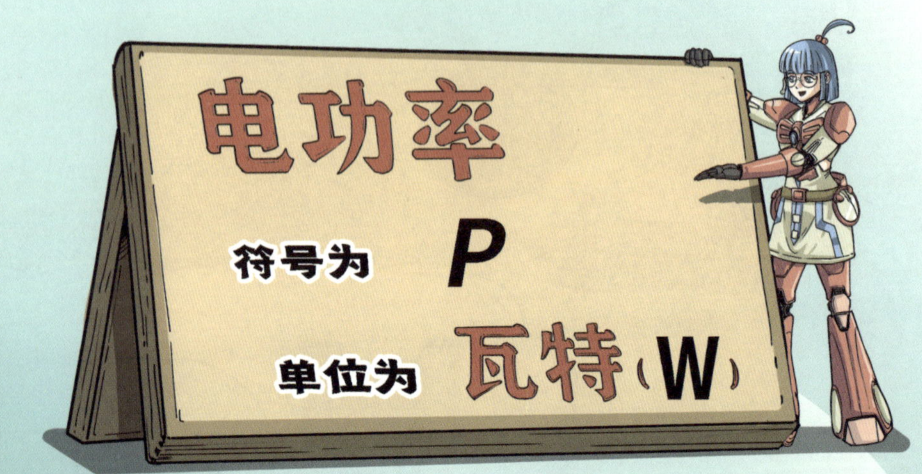

电功率也有个计算公式：

$$电功率=\frac{电功}{时间}$$

$$P=\frac{W}{t}$$

前面我们讲过：**电功=电压×电流×时间**

因此 $$电功率=\frac{电压\times电流\times\not{时间}}{\not{时间}}$$

$$=电压\times电流$$

所以我们也可以用 **电功率 = 电压 × 电流** 来计算电功率。

小 结

SUMMARY

1 电能

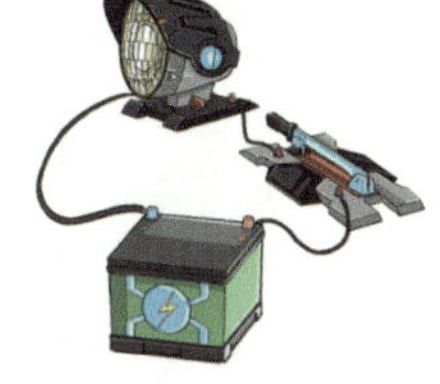

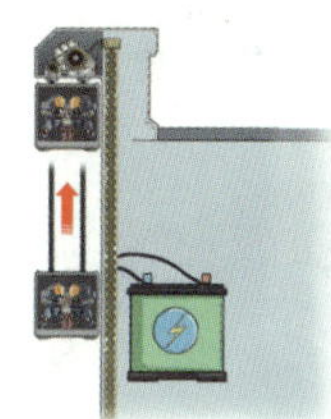

电能是我们生活中常见的一种能量，可以驱动很多用电器供我们使用。

它的单位是千瓦时（kW·h）。

2 电能表

电能表能够记录用电器消耗了多少电能。

3 电功率

我们人做功有快有慢。同样的，电流做功也有快有慢，而衡量这个快慢的标准就是电功率。

拓展阅读

高铁的耗电量有多大?

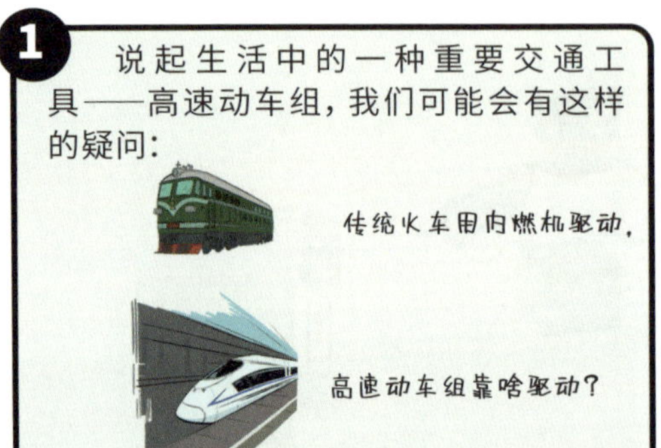

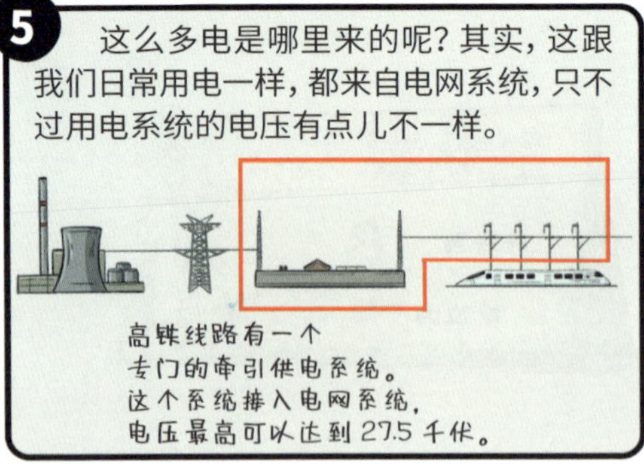

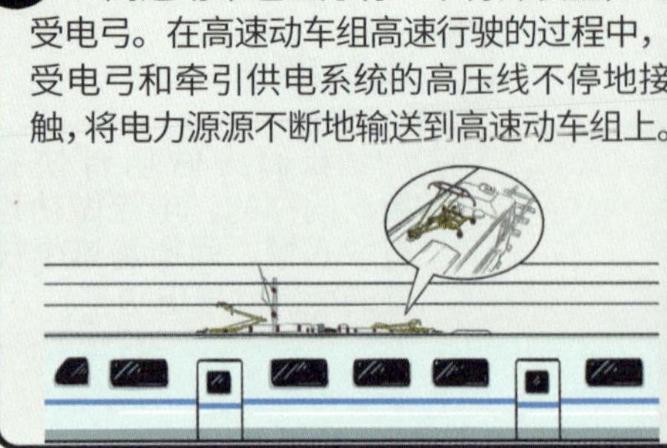

第二节
焦耳定律

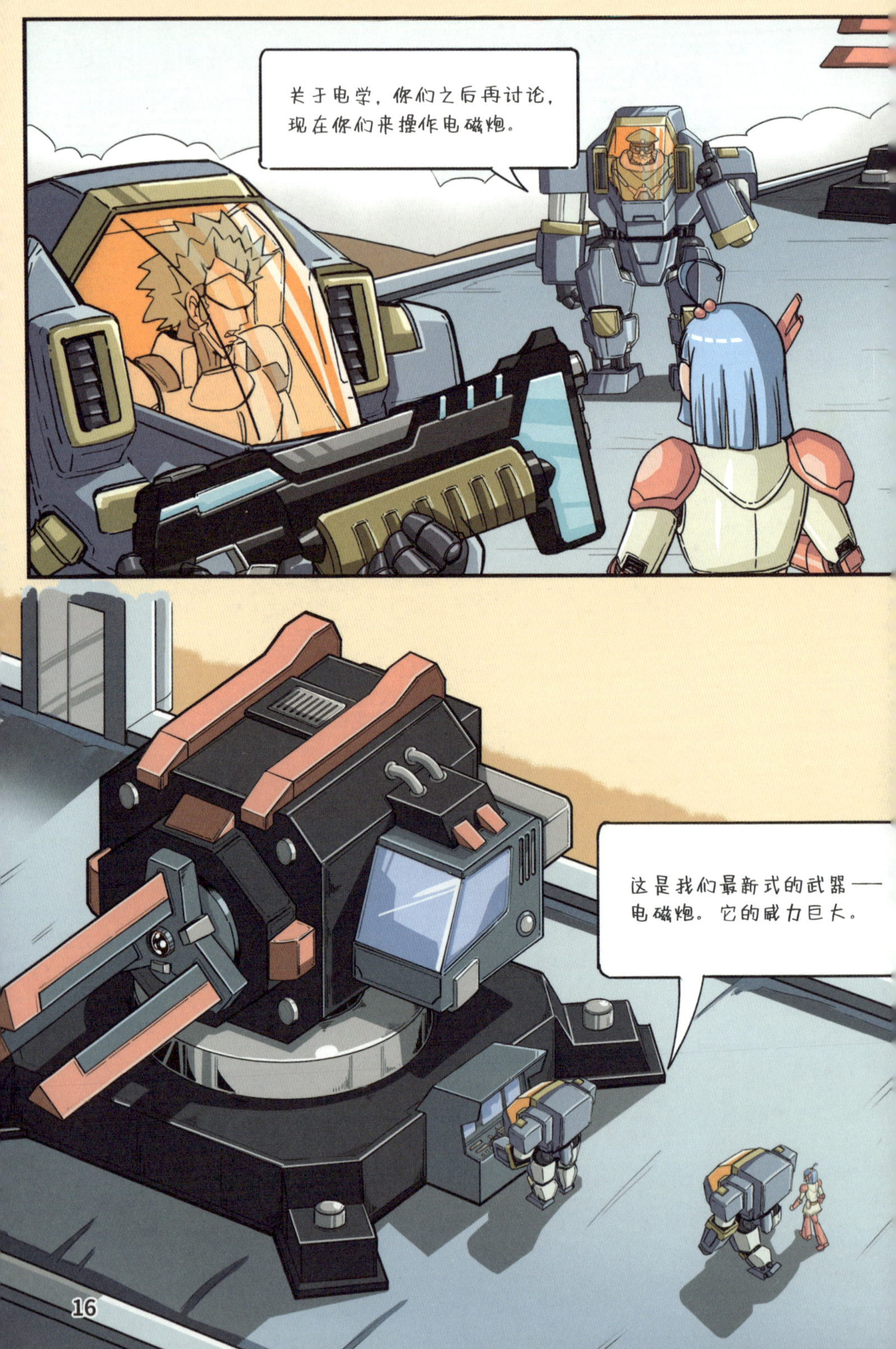
关于电学，你们之后再讨论，
现在你们来操作电磁炮。
这是我们最新式的武器——
电磁炮。它的威力巨大。

这个机器是用来调节电压的。
调完就开炮。交给你了！
我会率军在正面对抗。
好！一定完成任务！
有个小问题，电压应该……
调成多少？
啊？这就跳下去了？
告诉我后你再冲啊……

那可不行。

用电器有一个正常工作的电压，叫作**额定电压。**

在这个额定电压下工作，此时用电器的功率就是**额定功率。**

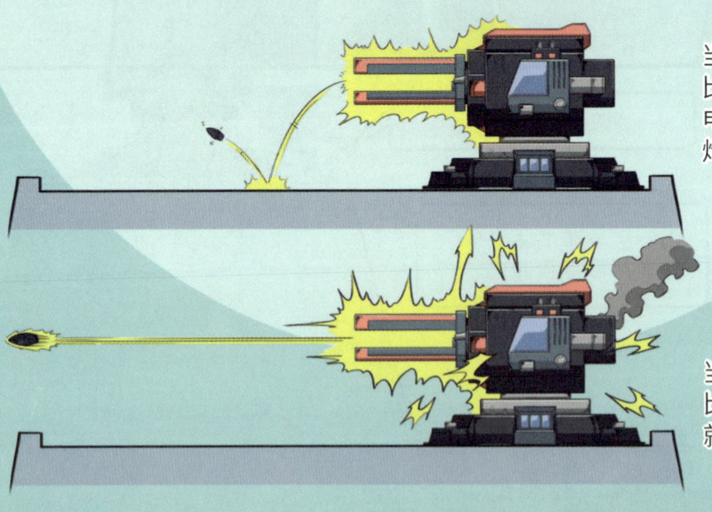

当实际电压比额定电压小时，电磁炮的功率就低，炮弹可能会打不远。

当实际电压比额定电压大时，就有可能损坏电磁炮。

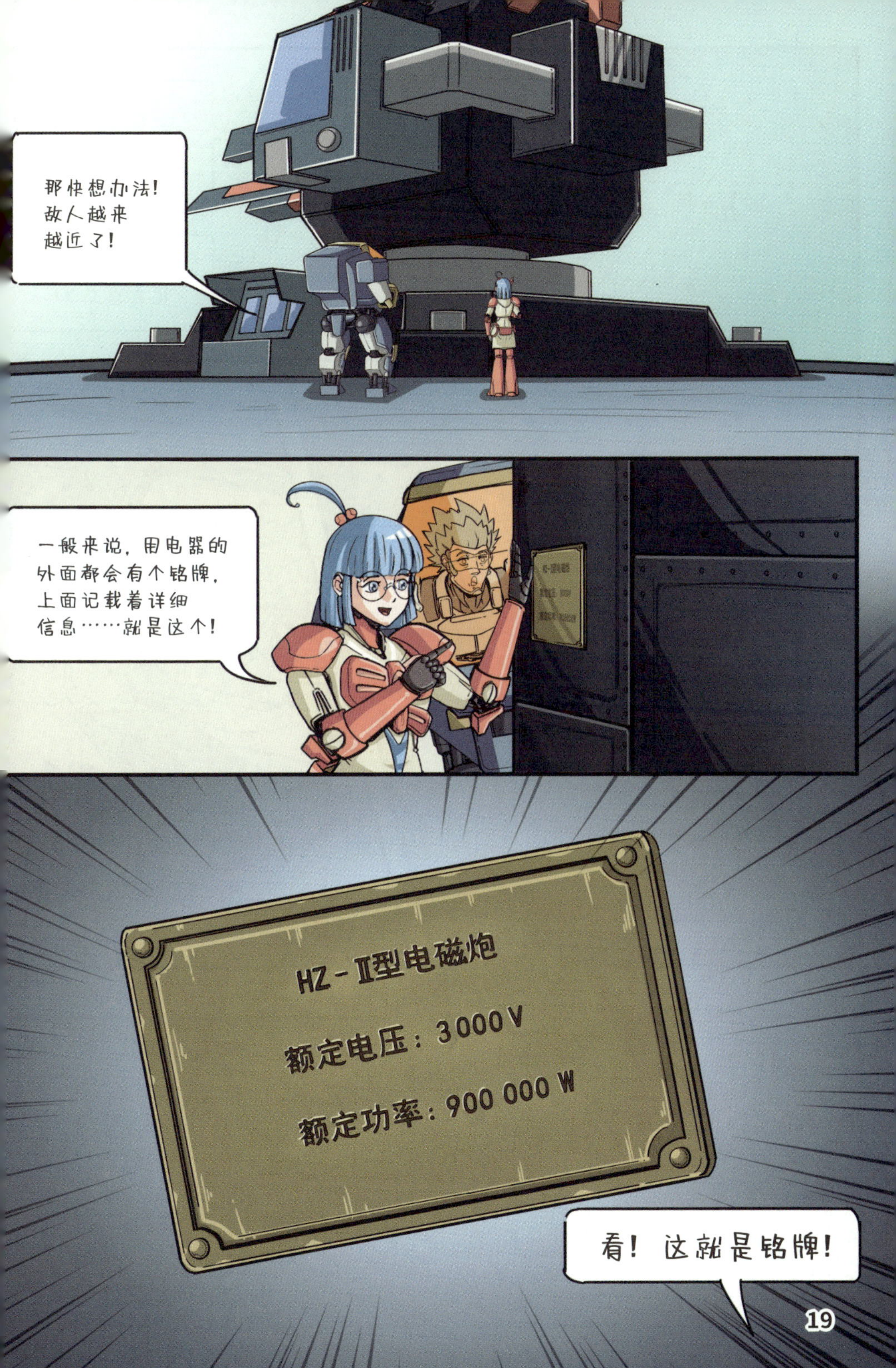
那快想办法！
敌人越来
越近了！
一般来说，用电器的
外面都会有个铭牌，
上面记载着详细
信息……就是这个！
HZ－Ⅱ型电磁炮
额定电压：3000 V
额定功率：900 000 W
看！这就是铭牌！

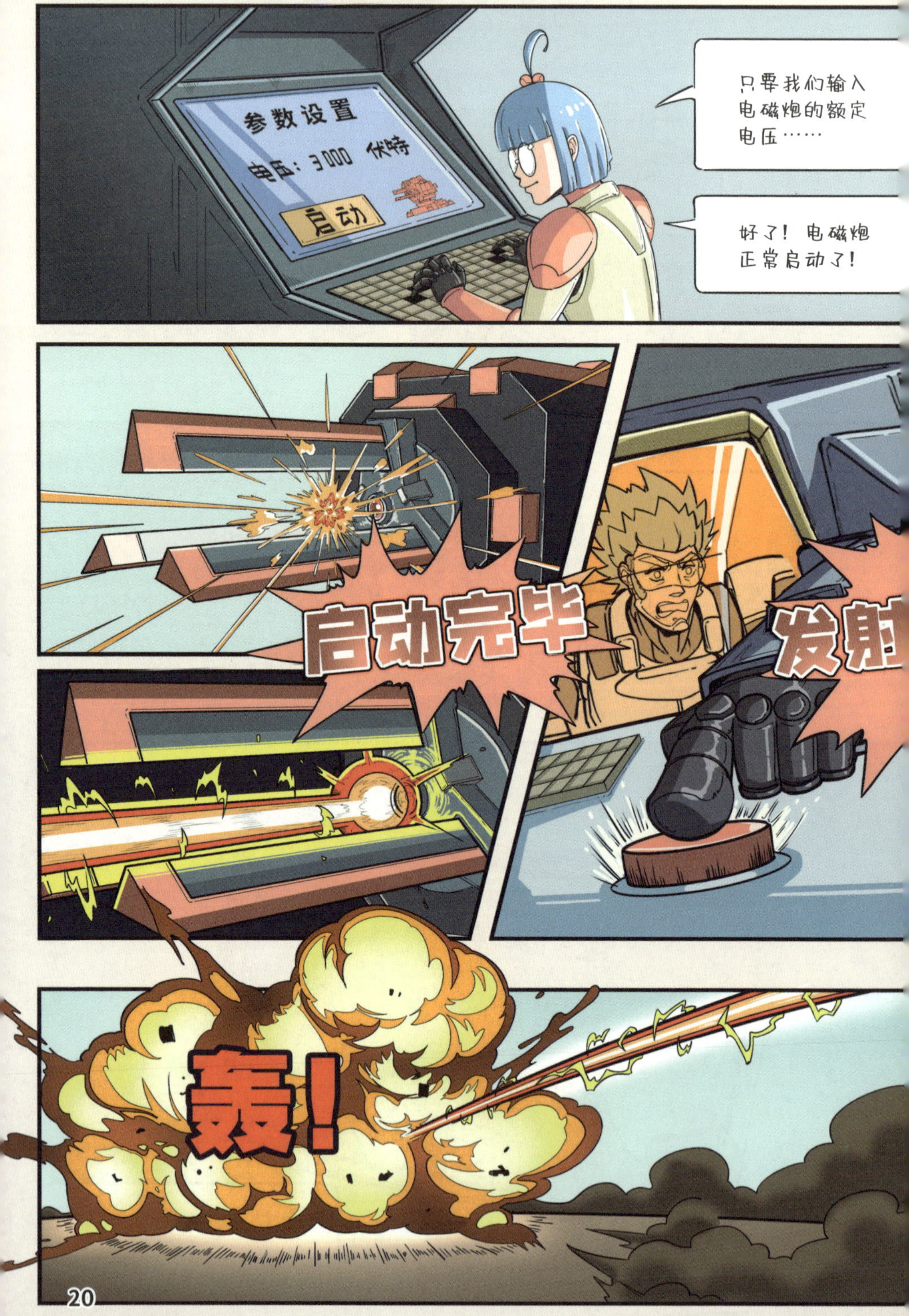

参数设置
电压：3000 伏特
启动
只要我们输入电磁炮的额定电压……
好了！电磁炮正常启动了！

启动完毕
发射
轰！

在电磁炮的帮助下，大能他们摧毁了敌人大量的装甲部队，
但是更多的敌人冲了上来。
大能近乎疯狂地操作电磁炮，
只为了能消灭更多敌人。
很快，满芬觉得有些
不对劲。她发现，
电磁炮的散热口
出现一些浓烟。

我们以前讲过，电流是导体中**电子的定向移动**产生的。

下面我们就假设电子是一个人，来看看热量是怎么来的。

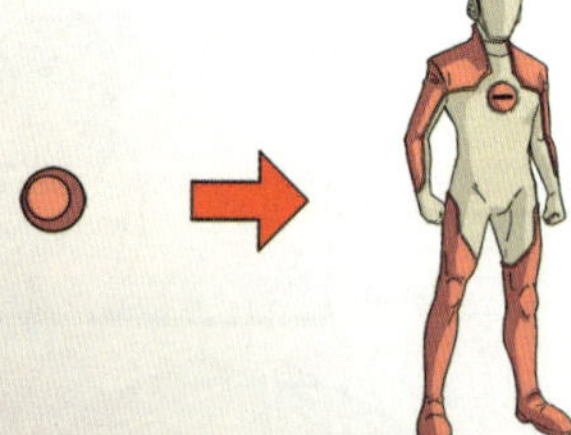

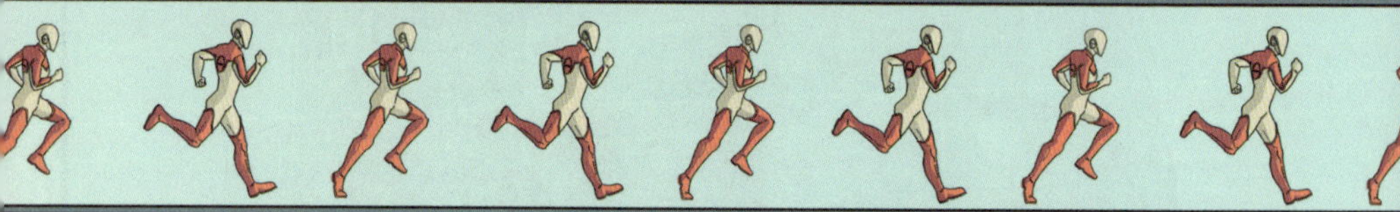

电子定向移动的时候，会遇到阻碍，这就是**电阻**。

当电子冲破电阻的阻碍时，会消耗能量。

这部分能量转化成导体的内能，就产生了热量。

这就是**电流的热效应**。
电磁炮散热口出现浓烟，
就是因为产生的热量太多、
温度升高导致的。
为了保证安全，必须停一会儿，
让热量散出去。

这个什么热效应真是太耽误事，
要是世界上没有这种现象就好了。

那可不行，我们
生活中用到电流
热效应的地方可不少。

比如你用来取暖的电炉子，
用来煮饭的电饭煲，都是利用
电流的热效应进行加热。

这种现象对我们有时有利，有时有害。
我们要做的是了解它的原理，
让它更好地为我们服务。

刚才我们讲过，电流的热效应是在电流对抗电阻时产生的，所以计算热量的公式应该也和这两个条件有关。

英国有个物理学家叫焦耳。他经过大量实验后发现，电流产生的热量还真跟**电流大小**和**电阻大小**有关，再加上**通电时间**，就组成公式：

热量=电流²×电阻×时间

$$Q = I^2Rt$$

这就是**焦耳定律**。

在满芬、大能以及其他战友的努力下，敌人被击退了。
不过后面还有很多考验在等着他们，让我们拭目以待。

1 额定电压和额定功率

一般来说，用电器会在不同的电压下工作。当用电器正常工作的时候，它两端的电压是额定电压，这时它的电功率是额定电功率。这些参数一般可以在用电器的铭牌上找到。

2 电流的热效应

电流在经过导体的时候，因为电阻等因素，会产生一些热量，这就是电流的热效应。

3 焦耳定律

电流通过导体会产生热量，那产生的热量是多少呢？一个叫焦耳的科学家发现，产生的热量和电流的二次方成正比，和这个导体的电阻成正比，和通电的时间成正比，这就是焦耳定律。

用公式表示就是 $Q=I^2Rt$。

拓展阅读

焦耳定律的发现

1 焦耳定律是物理学家詹姆斯·普雷斯科特·焦耳发现的，发现这个定律的过程可谓一波三折。焦耳小时候身体不太好，没去过什么正规学校，知识基本靠自学。

2 焦耳不光喜欢学习，还痴迷于做实验，他设计的实验相当疯狂。

据说他对电学一直很感兴趣，就直接给一匹马通了电，观察电流对马的作用。

3 凭着多年的学习和观察，20 岁出头的时候，焦耳独立设计了一个电学实验。

4 然后把电热器放进装了水的玻璃瓶，给电热器通电。

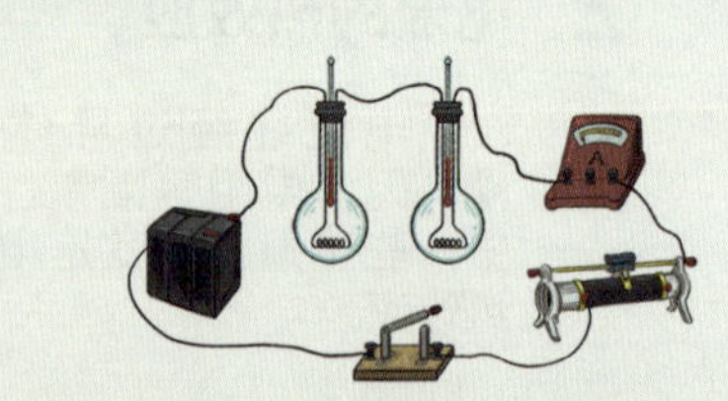

根据水温变化，可以知道电热器生成多少热量；通过电流计，可以知道电路里电流的大小。

5 焦耳将这个实验重复很多次，收集很多数据，最终发现焦耳定律：电流通过导体时，产生的热量跟电流的平方成正比，跟导体的电阻成正比，跟通电的时间成正比。

6 根据实验结果，焦耳发表了论文，但是因为焦耳没有学历，自然没人重视这篇论文。直到另外一个科学家做出一样的实验结果，焦耳的成就才终于被大家熟知。这也说明一个道理：是金子总会发光的。

第十九章
生活中的电学

书接上回。
天色渐渐暗下来，在守军的努力防守下，敌军慢慢撤退。
大能和满芬被安排到宿舍休息。
好宽敞的房间！
现在可以休息一下了。
打开空调。
25C°
打开热水器。
热个牛奶。

烤一只美味的
三黄鸡。
再用微波炉热
几个小菜。
最后打开电视，
享受一下美好的生……
……活？！

说到跳闸，我们先来看看家庭电路的示意图：

这是**入户线**，电能从这里进来。

这是**电能表**，记录用了多少电能。

这是**总开关**，旁边这个小盒是**保险盒**，此次停电就跟它有关。

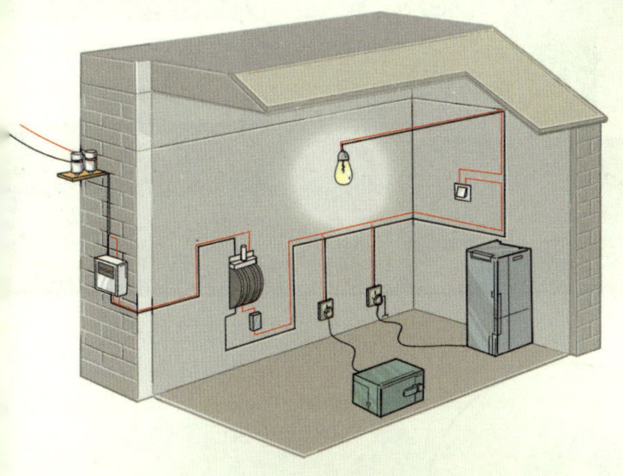

在家庭电路里，电灯、冰箱、微波炉，这些电器之间是**并联**的关系，在电器不多或者总功率不大的情况下，都能正常使用。

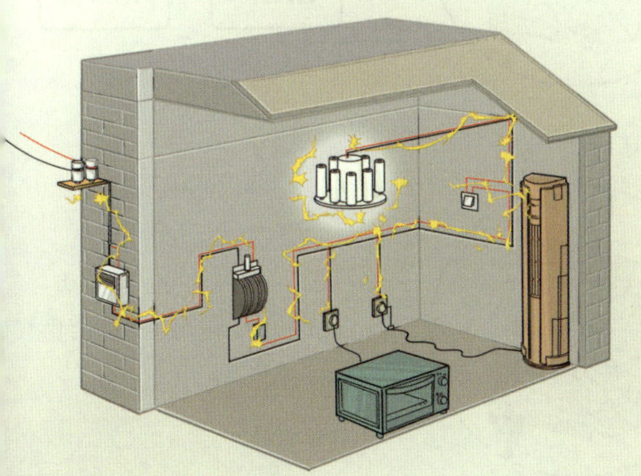

相反，如果都换成大功率的电器，情况就不一样了。我们之前学过一个公式：

功率=电压×电流

并联电路电压都是一样的，所以功率大，电流就大。

电流大，产生的热量就多，大到一定程度，就会烧坏电路，甚至引发火灾。

解决方法就是利用保险盒里的保险丝。

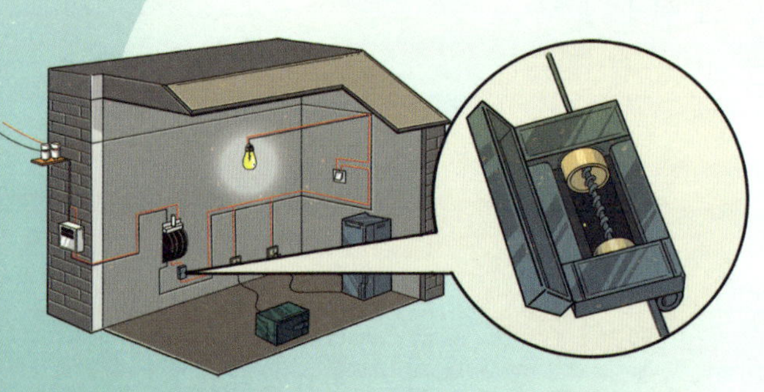

保险丝有两个特点：

电阻大 **熔点低**

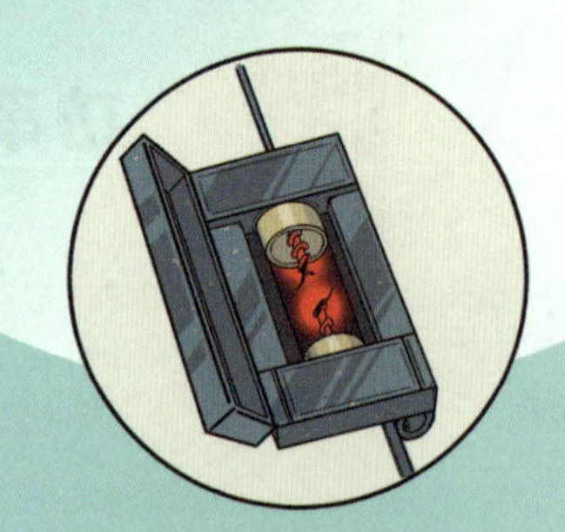

当电路中电流过大的时候，保险丝熔化，切断电路，保护电路。

看，再次把空气开关打开，
又可以继续使用电器了！

这里补充一下，
电器的绝缘层破损
或者电器进水，
也会造成**短路**。

还有个问题：
为什么有两种
颜色的导线？

这是两种线路，
红色的叫作**火线**，
黑色的叫作**零线**。

先给大家介绍一个工具——试电笔，专门用来检测电流。

当有电流通过时，试电笔就会发出红光。

用试电笔接触火线的时候，试电笔**会亮**；

用试电笔接触零线的时候，试电笔**不会亮**。

也就是说，试电笔接触火线时有电流通过，接触零线时没有电流通过。

为什么会这样呢？
我们以前学过电流是如何形成的。

电压

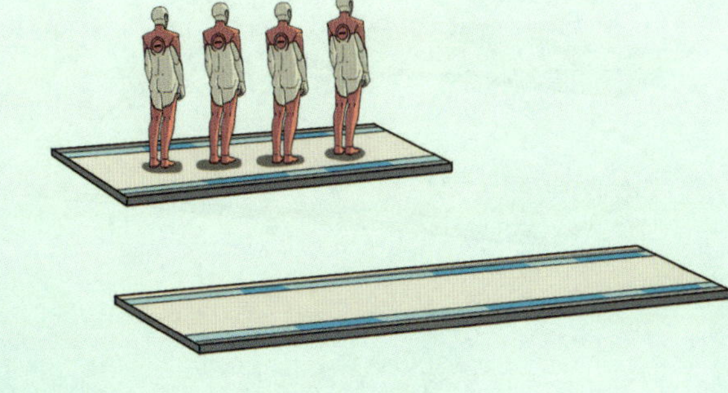

如果我们把电子比作人，
电压就是高度差。
当电路不连通时，没有电流。

当电路连通的时候，
就好比在这里加个斜坡，
电子们就会运动起来，
形成**电流**。

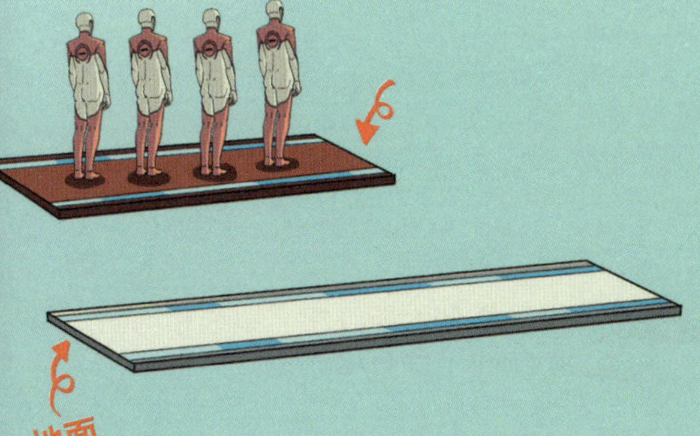

火线电压比地面高，
就好比火线和地面之间有**高度差**。

不过，此时火线和大地没有连通，
所以**没有电流**。

当大能站在地面上接触火线时，
就相当于将火线和地面连通了，

这样就会形成**电流**。

零线的电压和地面是一样的，
两者之间**没有高度差**。

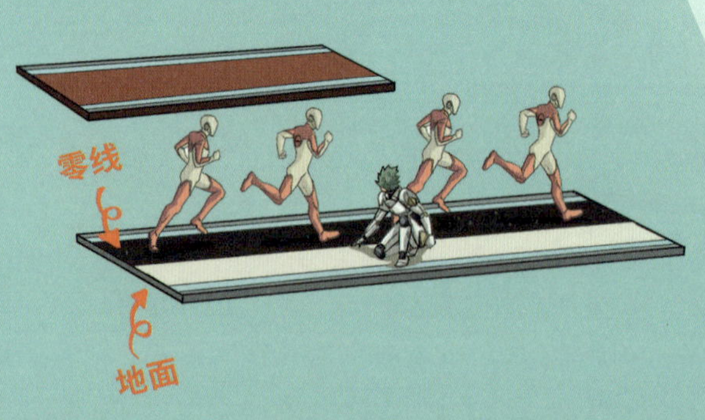

即使大能连接了零线和地面，
也**不会有电流**通过大能。

所以我该怎么做
才不会触电？

看来要给你普及一下
安全用电的常识了。

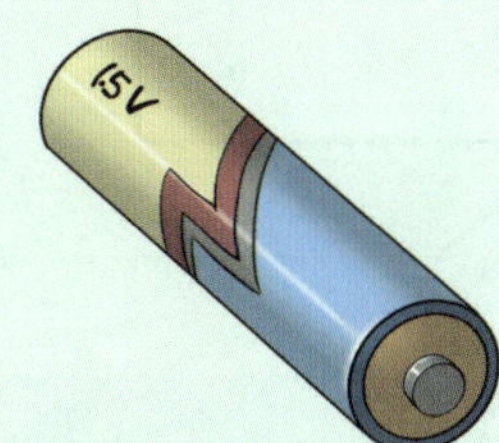

家庭电路的电压一般是 220 伏。
一旦触电，就会有生命危险。

家庭电路触电，主要原因是人体两端有电压。

如果大能站在**地面**上摸火线，**火线和大地之间有电压**，就会有巨大的电流通过人体，造成触电。

如果大能站在一个**绝缘**的凳子上，**同时摸火线和零线，这两根线之间也有电压，**于是大能再次触电。

最后一个问题：
为什么图里
有的插座是两个孔，
有的是三个孔？

两个孔的插座，
一个孔连接的是火线，
另一个孔连接的是零线。

但是，万一电器出了故障，
比如漏电，
导致电器外壳带电，
这时候就很危险。

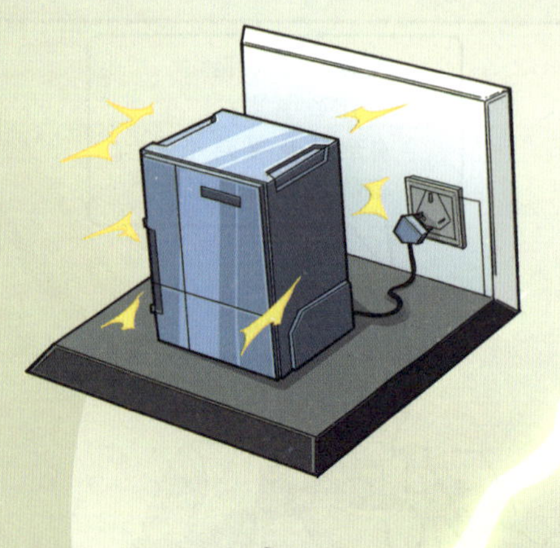

三孔插座
就提供一个新的线路，
让电器的外壳和大地相连。

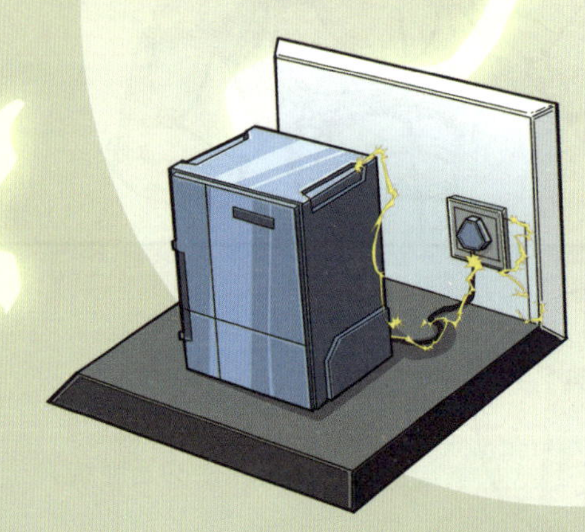

即使漏电，新的线路
也会及时地将电流**导入地下**，
防止对人造成伤害。

这么晚了，是谁在敲门？
大能和满芬又会遇上
怎样的挑战？
且听下回分解。

小 结

SUMMARY

1 家庭电路发生跳闸的原因

家庭电路中，如果同时使用的大功率用电器很多，就会导致电路中的电流过大，进而发生保险丝熔断或空气开关跳闸。

此外，如果电路出现短路，也会导致电路中的电流过大。

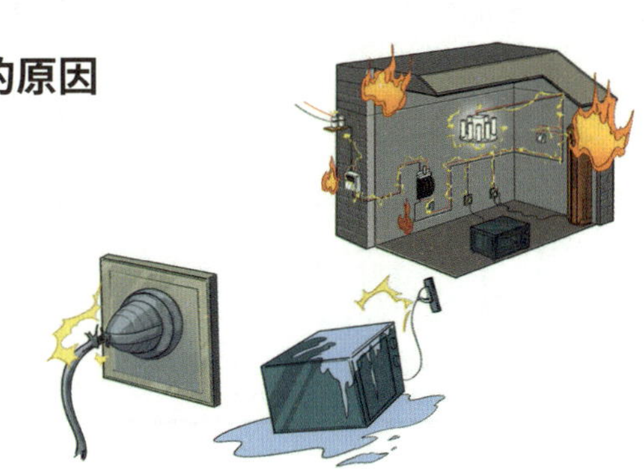

2 安全用电

不要靠近高压带电体。

另外，不要弄湿电器，不要破坏电线的绝缘层；及时更换老化电器，防止漏电。

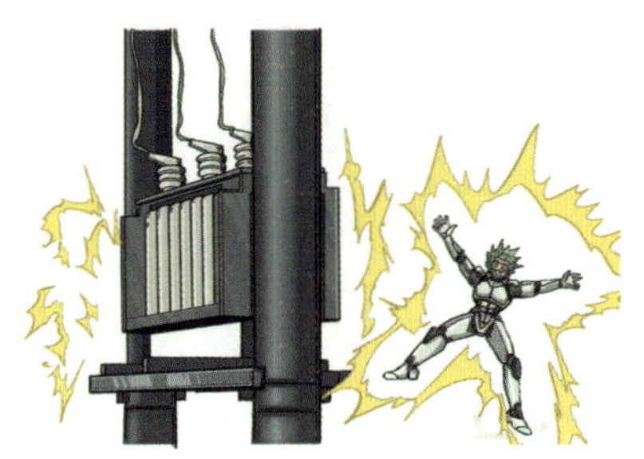

3 接地线的用处

当部分电器内部出现漏电，接地线可以将外壳上所带的电导入地下，防止触电。

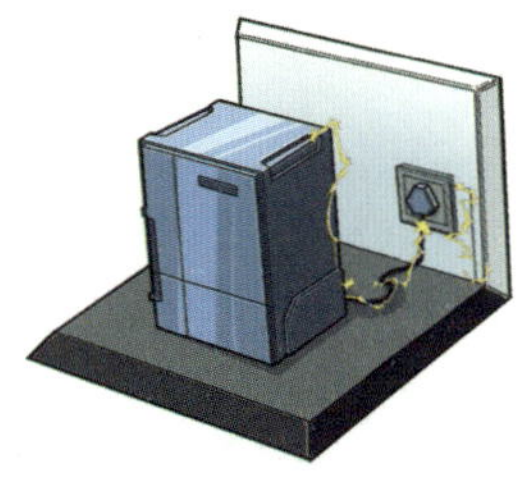

拓展阅读

什么是特高压输电？

1

我们用的电来自发电厂，而发电厂的电输送到千家万户，离不开输电这个环节。

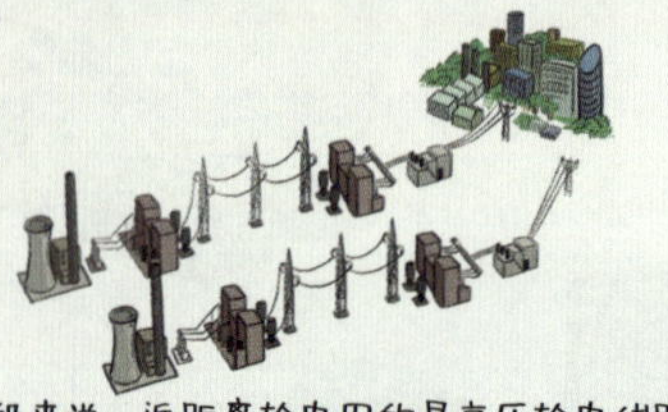

一般来说，近距离输电用的是高压输电线路，电压有 110 千伏和 220 千伏两种规格。

2

远距离输电的时候，高压输电技术就不够用了。这是为什么呢？这得从电功率公式讲起。

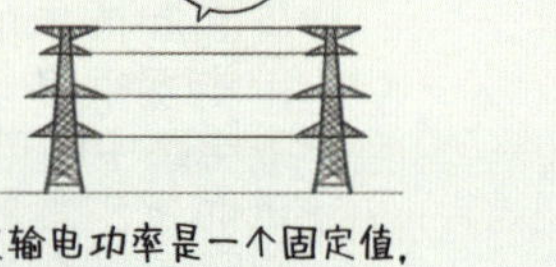

我们先假定输电功率是一个固定值，但是电压电流可以变。根据电功率公式 $P=UI$ 可知，电压和电流大小成反比。

3

远距离输电的时候，输电线路里的电阻非常大。根据焦耳定律 $Q=I^2Rt$，电阻变大，输电线路损耗的电能也会变得非常大。

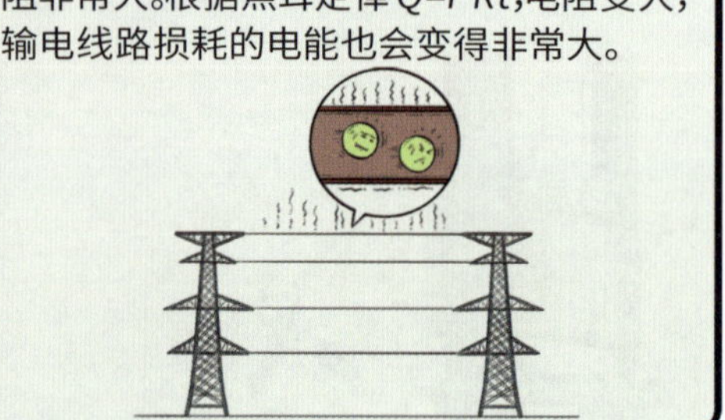

4

电阻是改变不了的。要想减少输电线路的电能损耗，就得增大电压，减小电流。这时候，就需要用到**特高压输电技术**。特高压输电可以使用超过 800 千伏的电压。

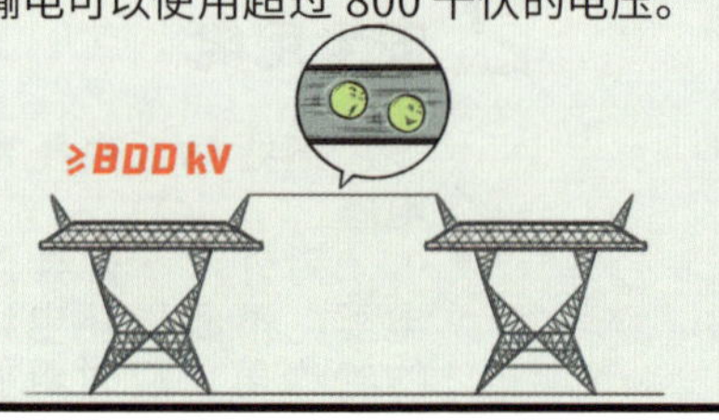

5

特高压输电技术在我国的应用很广泛，这跟我国能源分布不均匀的特点有关系。这个特点就是，发电的地方和用电的地方距离非常遥远。

西部地区的水电、火电、风电都很丰富，但是人口少，用电少。

东部地区，人口稠密，工业发达，电不够用。

6

这种情况下，传输距离远、容量高、损耗低的特高压输电线路就很受欢迎。就拿新疆昌吉到安徽古泉 1 100 千伏输电工程来说，这个线路总长度为 3 324 千米，可以为东部地区源源不断地供应电能，相当厉害。

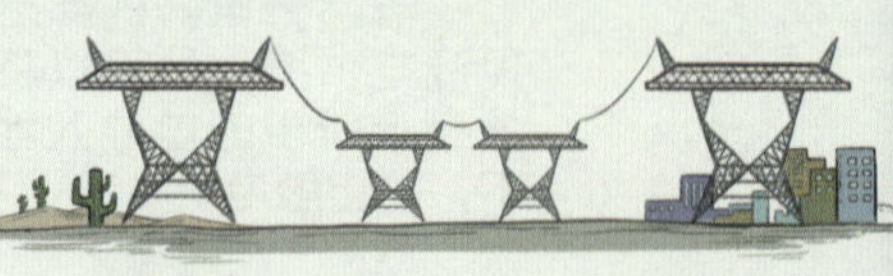

第二十章
电与磁

电与磁

第一节
磁铁和电磁铁

书接上回。
因为战局出现了紧急情况，
所以将军急急忙忙地找到满芬和大能。

敌军趁着夜色，
将堡垒围了个水泄不通。
所以将军希望他们能去
附近的军事基地寻求支援。

满芬和大能立刻出发，
驾车冲出重围。

两人虽然冲出了包围圈，
但还是有 3 个摩托车手对他们紧追不放。
更糟糕的是，他们遇上了沙漠中的风暴。
在风暴中，巨大的风沙让人无法辨别方向，
不过，满芬似乎有办法……

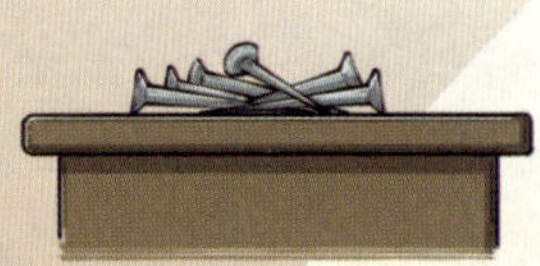

在生活中，我们都见过磁铁。
上图里是一堆铁钉。

当磁铁靠近铁钉时，
铁钉就会被磁铁吸起来。

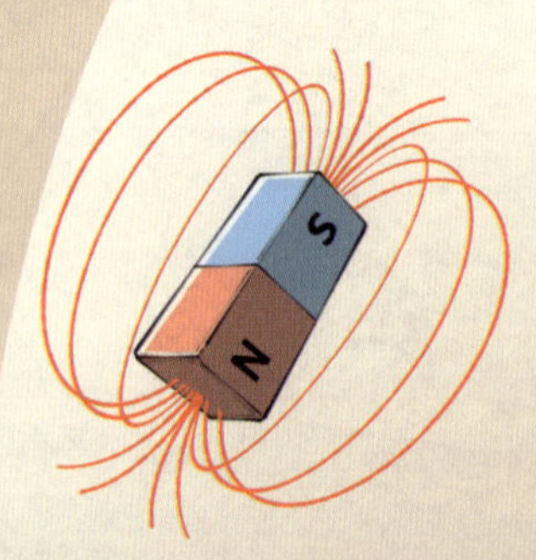

这是因为磁铁周围有一种
看不见、摸不着的物质，
这种物质叫磁场。

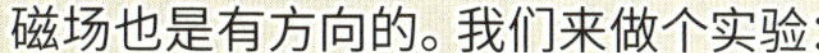

磁场也是有方向的。我们来做个实验：

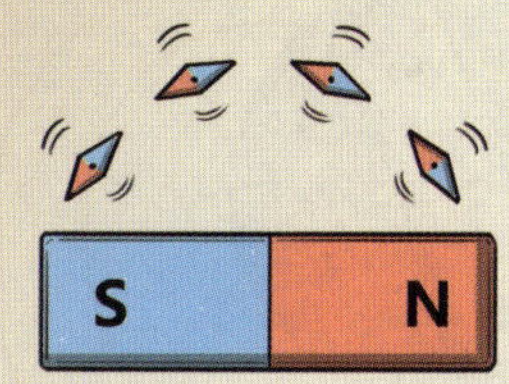

磁体有两个磁极，一个是**南极（S 极）**，
一个是**北极（N 极）**。
假如我们在磁体旁边放一些小磁针，
小磁针就会受磁体的影响而转动。

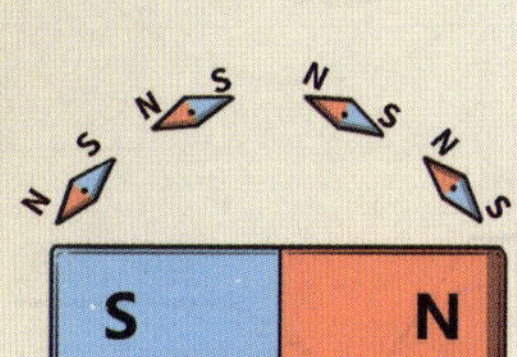

当这些小磁针稳定时，我们会看到左边
这张图的样子。

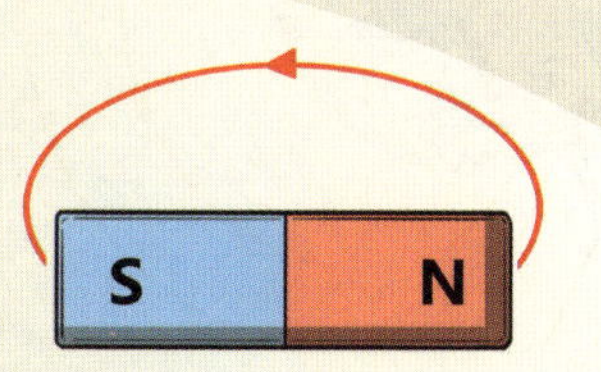

从 N 极到 S 极，我们把小磁针在磁场的排列
用一个带箭头的曲线画出来，
这就是**磁感线**。
磁感线可以帮助我们形象地描述磁场。

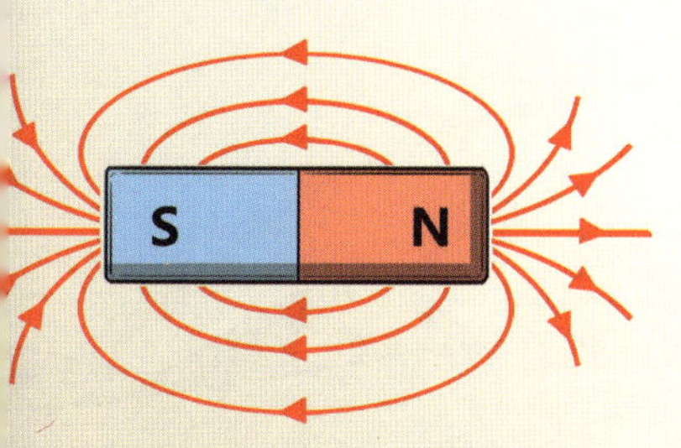

我们用足够多的小磁针，就可以
大致描绘出磁体周围的磁感线，
了解磁场的方向。

我们的地球就好比一块巨大的磁铁，
它周围的磁场叫**地磁场**。
我们的指南针也受地磁场的影响，
N 极总会指向北方。

这就是指南针可以用来辨别方向的原因。

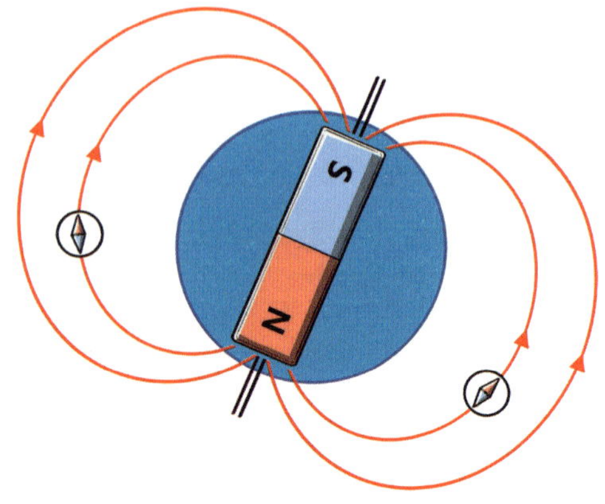

不过，地理上的两极
和地磁场的两极并不重合，
而是有一点儿偏差。

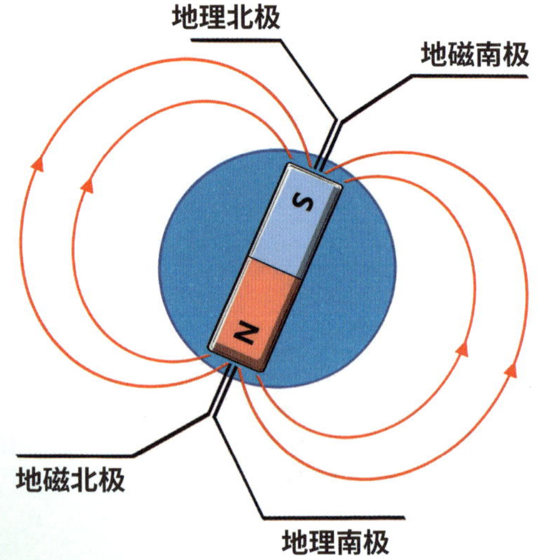

大能只好全力加速，想要甩掉追兵。

最后车一头撞在沙堆上。

四散的黄沙落下后，大能和满芬发现，
沙堆下面隐藏的是一台巨大的机器。

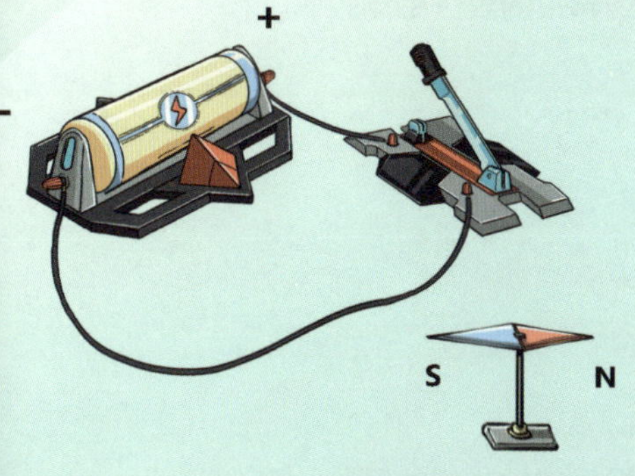

以前，有个人做过这样一个实验：

在一段导线旁边，放一个小磁针。

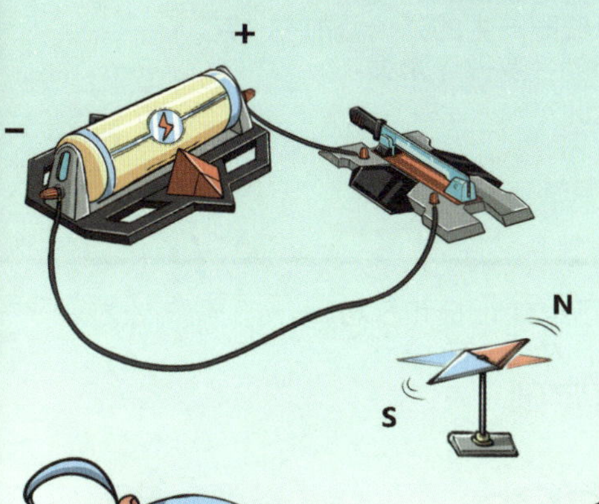

当这段导线通电时，
小磁针就会发生偏转。

这说明电流周围存在磁场，
这就是**电生磁**。

这个实验就是有名的**奥斯特实验**。

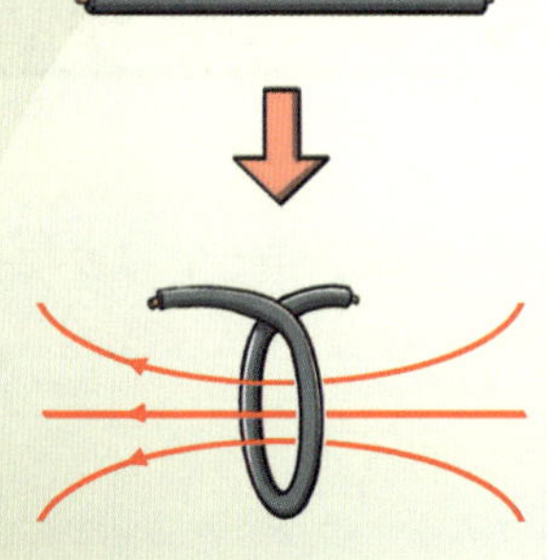

一根绕起来的导线磁场较弱。

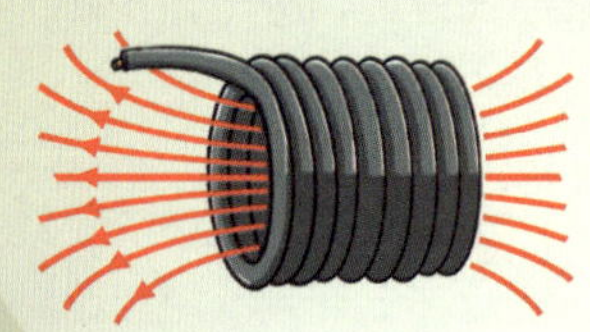

如果把导线做成螺线管，
每个线圈产生的磁场叠加在一起，
磁场就会变得非常强。

电流所产生的磁场也有 N 极和 S 极，
磁场的方向跟电流的方向有关，
我们可以用**安培定则**来表述：

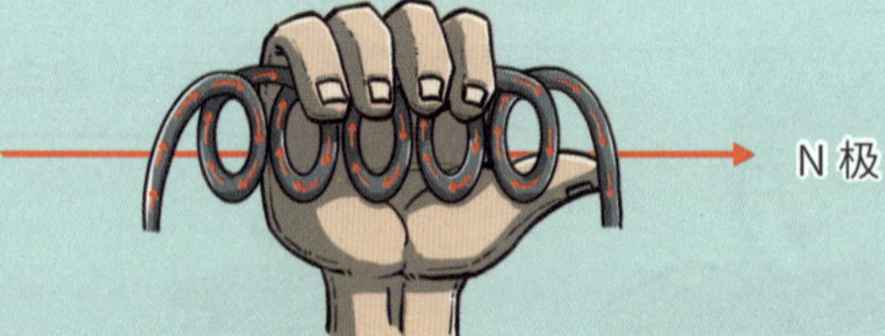

就像这张图，**右手**，记住一定是右手握住螺线管，四指指向螺线管中电流的方向。这时候，拇指的方向就是 N 极的方向。

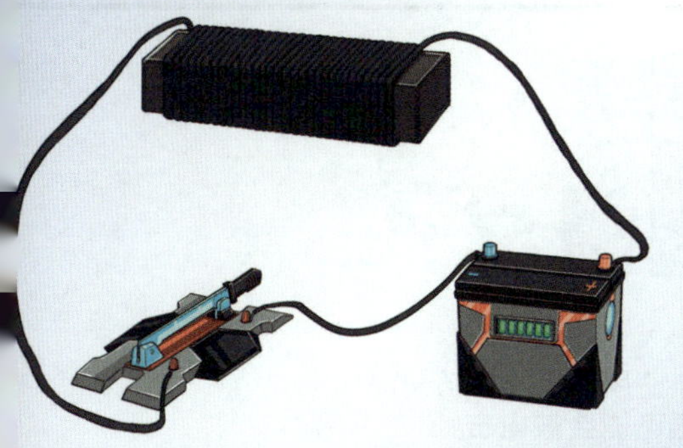

向螺线管中插入铁芯，
当有电流通过时，它就会有磁性，
当没有电流通过时，它就会失去磁性，
这种磁体就是**电磁铁**。

提示：插入铁芯是为了
增强电磁铁的磁性。

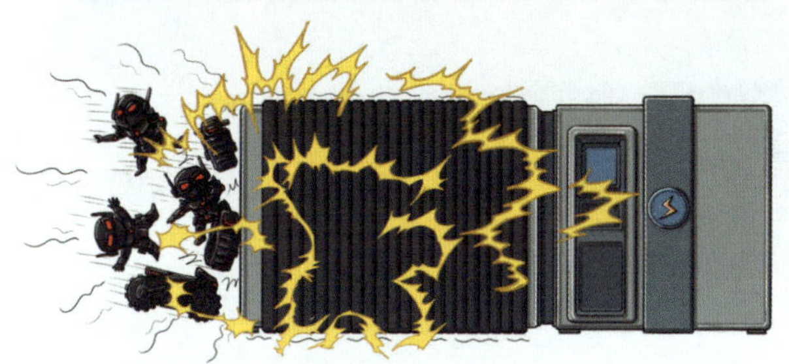

追兵的摩托车主要是铁制的，
刚好可以利用这个电磁铁把他们一网打尽！

这个电磁铁功率很大，使用的电压应该是高压电。
你直接去操作的话，**很可能会被电击**。

那怎么办？

借助电磁继电器。

这是一个用电器。

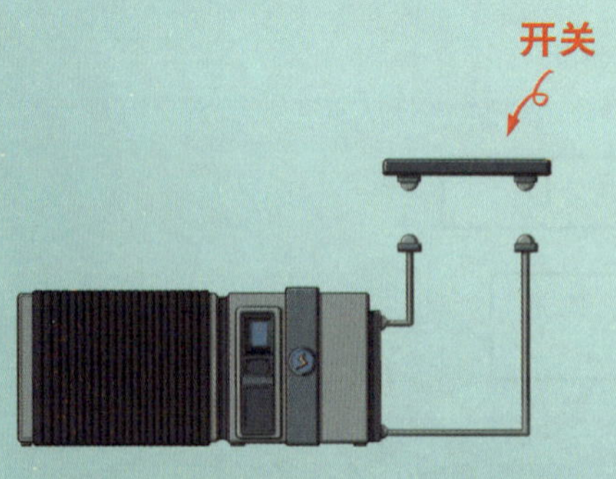

如果想让这个用电器工作，
我们需要一个高压电路。

现在的问题是，
直接操作高压电路十分危险。

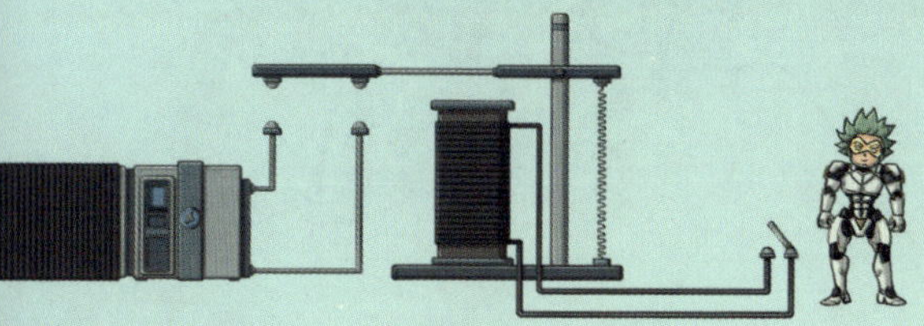

这时候我们就需要**继电器**。

继电器是利用电磁铁
控制工作电路的开关。

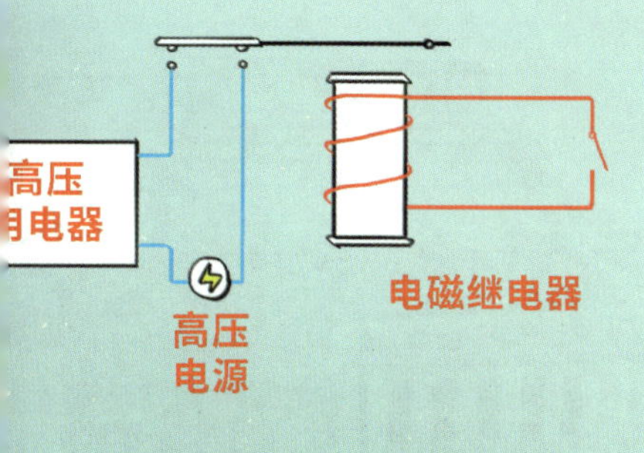

就像左图的简图，
蓝色部分是高压工作电路，
红色部分则是低压控制电路。

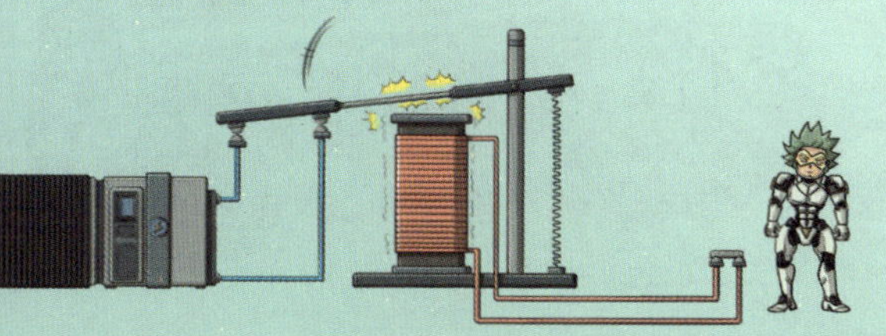

当低压电路闭合时，
电磁铁就会拉下触点开关，
这样就能让**蓝色高压电路**
闭合。

操作的人也没有危险。

两个人装好继电器。等到追兵靠近时，
大能按动开关。强大的磁力让追兵的摩托车
撞到电磁铁上，追兵昏死过去。

解决了追兵的问题，
接下来就要修好车。
怎么修呢？下节我们接着聊。

小 结

1 磁场

在磁体周围，有一种看不见、摸不着的物质，这种物质就是磁场。

我们规定，在磁场中，小磁针静止时北极的方向就是磁场的方向。

为了更好地认识磁场，我们用一段带有箭头的假想出来的曲线来描述磁场，这就是磁感线。

我们的地球周围有磁场，而且地磁场的两极和地理上的两极有偏差。

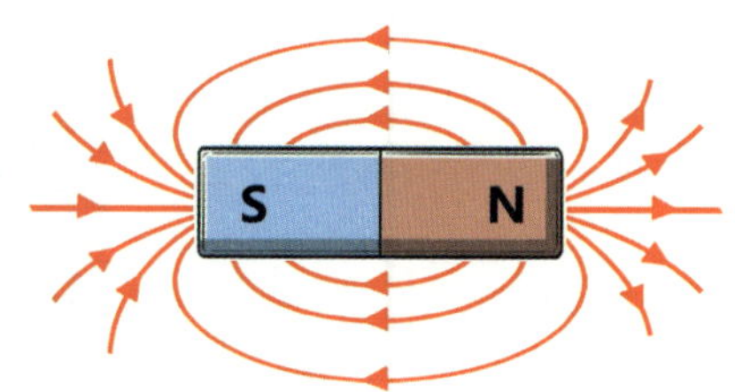

2 电可以生磁

一段通电导线的周围存在磁场，这就是电流的磁效应。

我们可以用安培定则来判断电生磁的磁场方向。

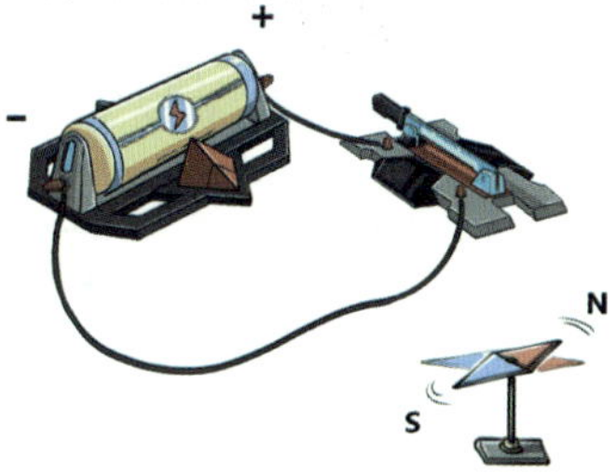

3 电生磁的应用

电磁铁

将导线制成螺线管，再将螺线管内部插入一个铁芯，就可以得到一个电磁铁。

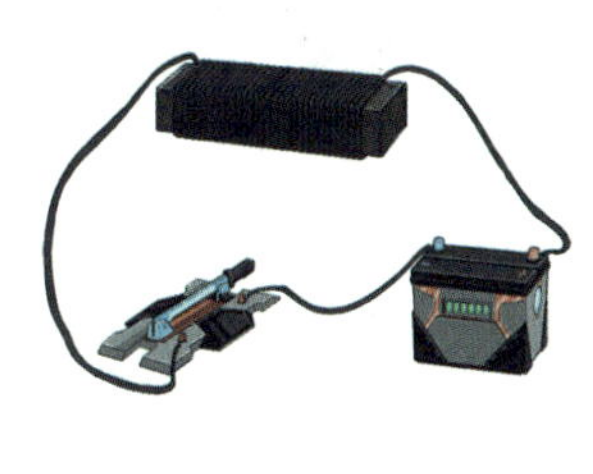

电磁继电器

主要功能是利用电磁铁的原理，通过操作低压电路控制高压电路，使操作更加安全方便。

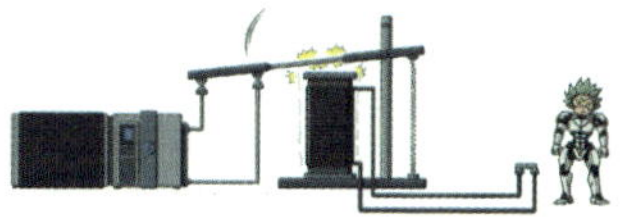

拓展阅读

超导磁体的奥秘

1 在各类电磁体中，有一种高科技的发明——超导磁体。

其实超导磁体的主要部分就是线圈。
这个线圈是超导体做的，低于某个温度时，其电阻几乎为零。

2 当超导磁体的电阻为 0 时，给磁体充电，会有很神奇的现象。根据焦耳定律，这个时候磁体几乎不会产生电损耗。充电一次，线圈里的电流就可以循环很久很久。

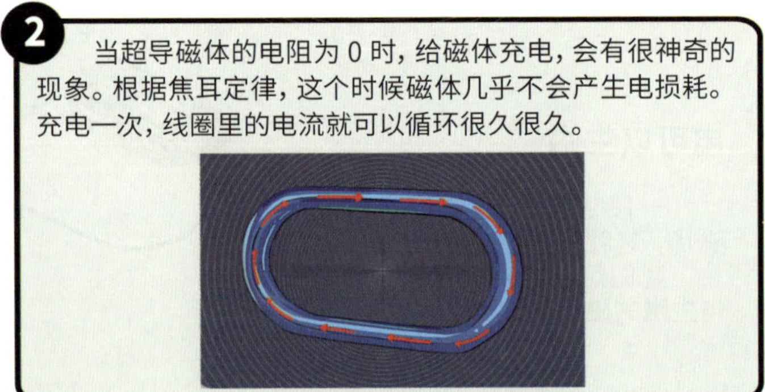

3 因为电阻为 0，线圈里的电流特别大，产生的磁场也非常强。

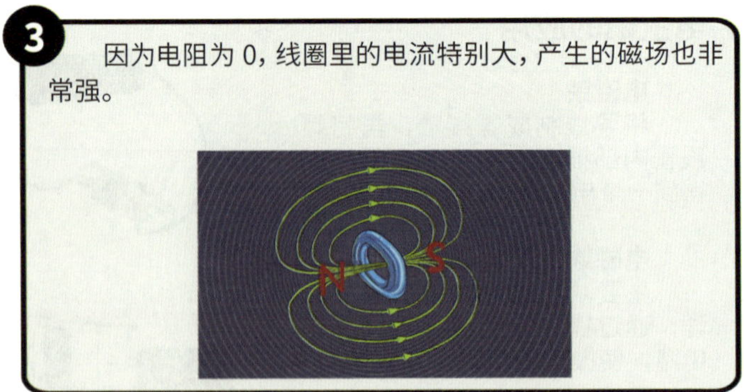

4 这时候，你可能要问：在非常低的温度下，超导磁体的电阻才能变为 0，那么怎么达到很低的温度呢？

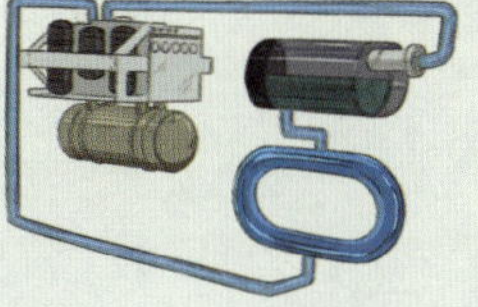

在超导磁体外面加个液体循环装置，
装置里面灌满液氦，可以让温度保持在大约 -270 ℃。

5 磁悬浮列车的车体上会使用超导磁体。列车两侧超导磁体产生的磁场会和轨道上的磁铁相互作用，从而使列车悬浮起来。

6 除了磁悬浮列车，超导磁体还有一些很高端的应用，比如可控核聚变研究。

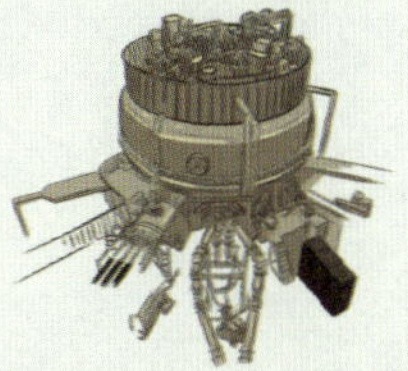

在中国自主研发的可控核聚变装置——
“东方超环”里，超导磁体起了不可或缺的作用。

第二节

电动机和发电机

之前我们讲过，电可以产生磁。那如果把通电导线放到磁场中，会不会动起来呢？

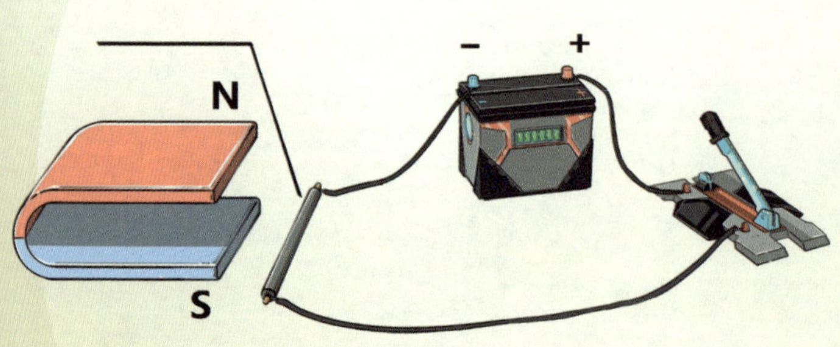

答案是可以的。先做个实验，把电源、开关和导线按左图连起来。

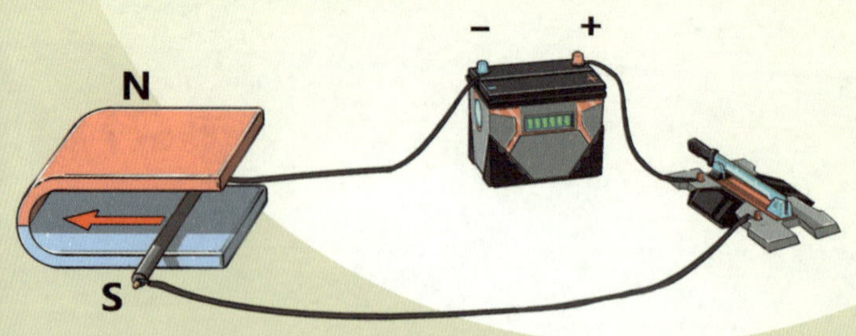

我们把导线放在磁场中，闭合开关，就会发现，导线动起来了。

也就是说，导线受到一种电磁力的作用，让它可以运动起来。

导线运动的方向与电流方向和磁场方向有关。

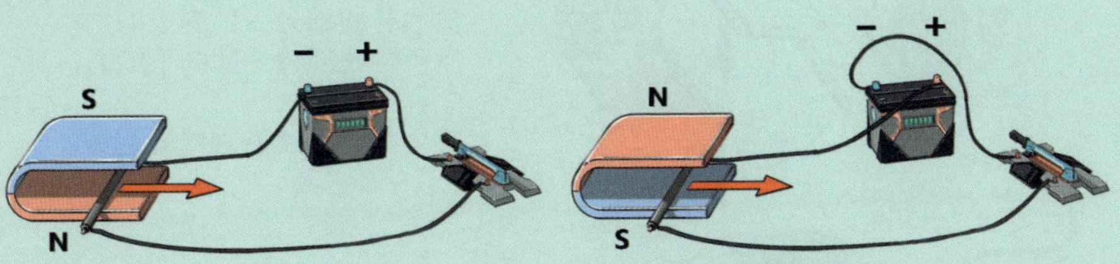

当我们把电源正负极对调，或者把磁铁的 N 极、S 极对调时，导线的运动方向就会发生改变。

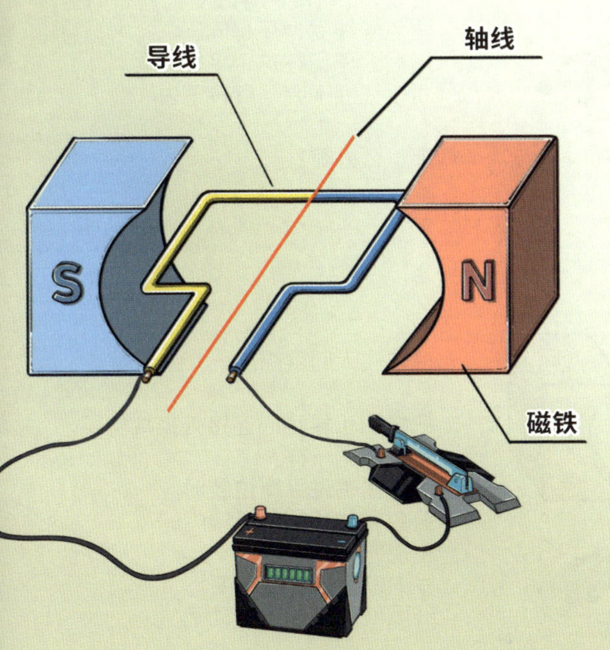

电动机就用了这个原理：

就像左图一样，
我们把导线制成线圈，
通电后，再把线圈放进磁场里，
它可以沿着轴线转圈，

这就是电动机的原理图。

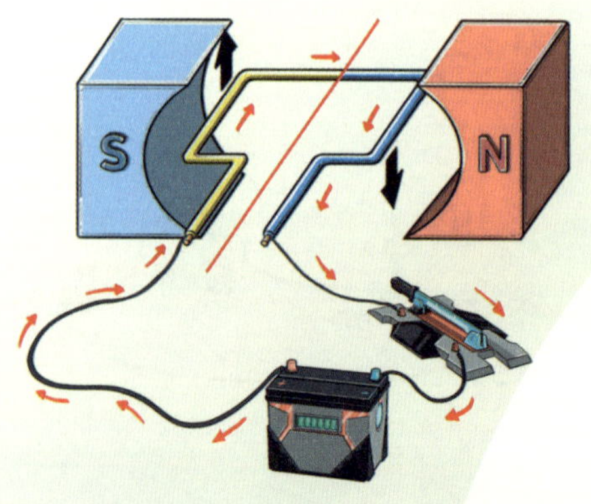

在图示的状态下，我们闭合开关，
黄色导线部分受到向上的力，
蓝色导线部分受到向下的力，

整个线圈就绕着轴线转起来。

小贴士：红色箭头是电流方向。

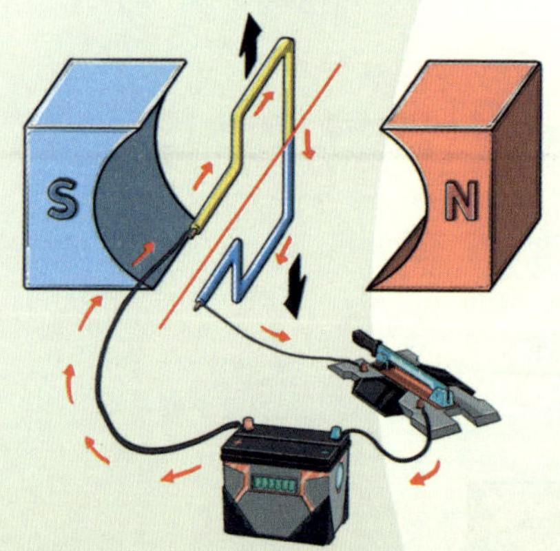

现在问题来了。

当线圈转到图示的位置时，
会因为惯性越过平衡位置，

但是，此时黄色导线受力还是向上，
蓝色导线受力还是向下，
最后会停留在这个平衡位置，
所以线圈不会一直转下去。

那怎么办呢？

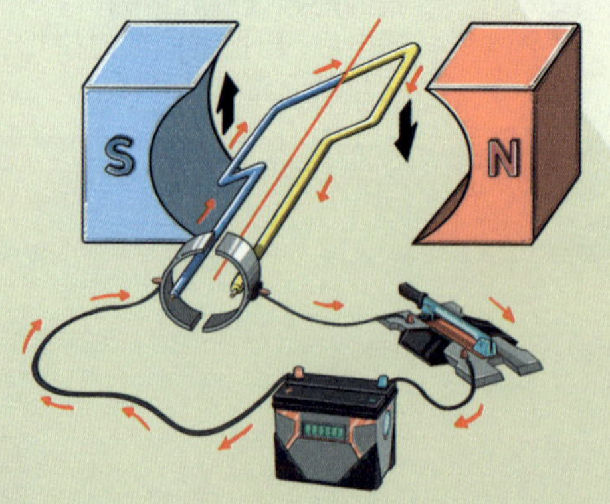

这时候人们就想出一个办法：

把线圈和导线的连接处换成电刷，
就像左图一样。
当线圈越过平衡位置时，
黄色导线和蓝色导线中的
电流方向会改变，
受力的方向也会改变，
线圈就可以继续转动了。

行了，这回差不多了。

天要黑下去了。

这个灯坏掉了，该怎么办呢？

车灯的线路比较复杂，不太好修，只能再加一个探照灯了。
眼下又没有多余的电池……那我们就再做一个发电设备吧。

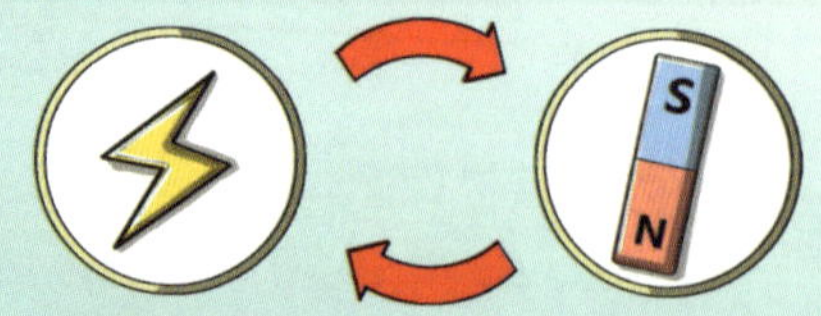

发电机的原理是**电磁感应**。

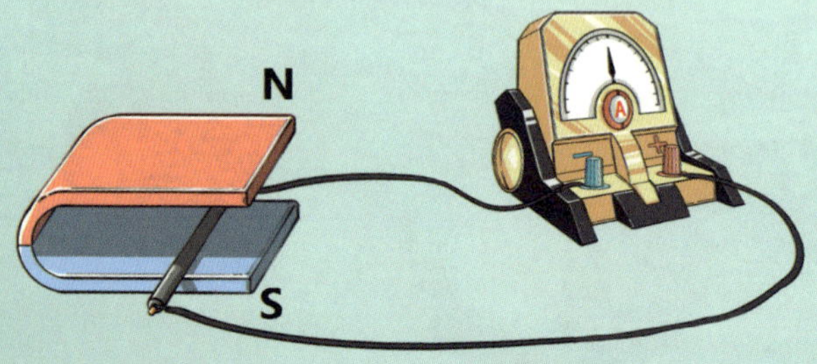

我们再做个实验，把电流表、磁铁和导线像左图这样连接好。

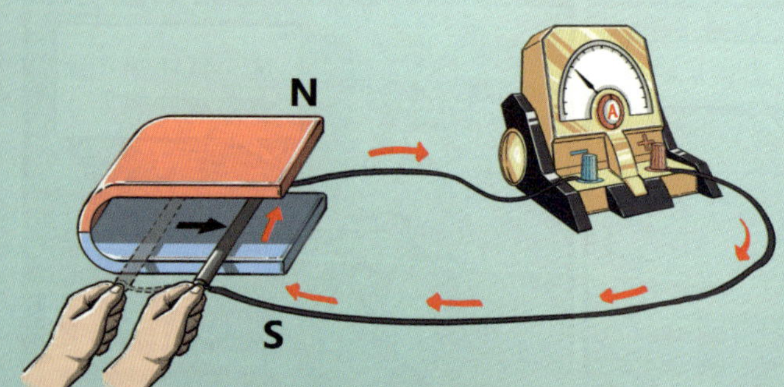

当我们左右移动导线时，我们会发现，电流表的指针动了一下。
也就是说，
这时候电路里有了电流，
红色的箭头就是**电流的方向**。

产生的电流的方向与导线的移动方向和磁场方向有关：

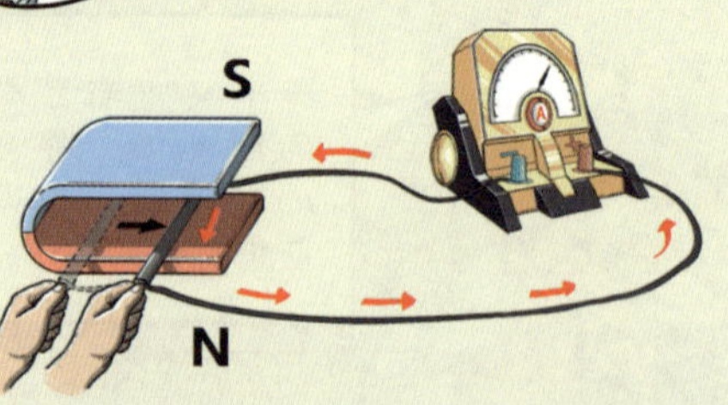

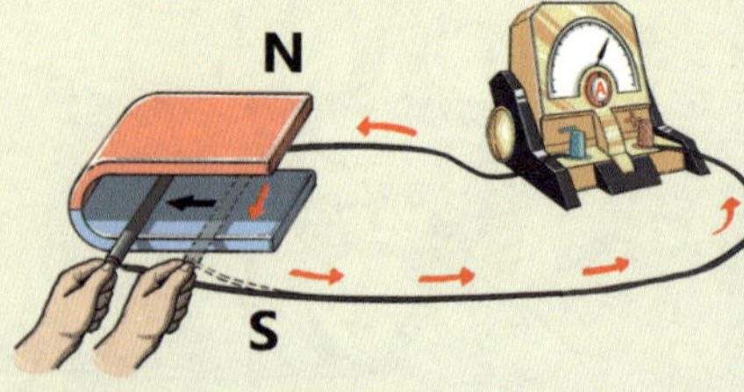

就像上面这两种情况，改变磁场方向或者导线的移动方向，
都会改变电流方向。

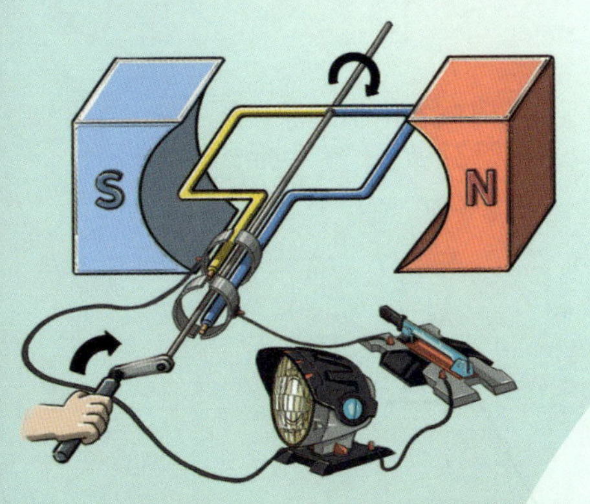

左图是发电机的原理图。

看起来跟电动机很像，
但是有一个显著的区别：
发电机需要动力才能让它转起来，
比如用手摇。
不过同学们记住就可以了，
在接下来的图里我们会省略这一步骤。

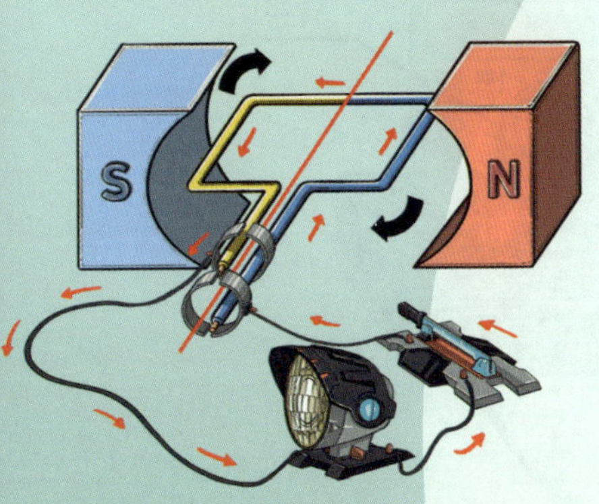

此时，黄色导线向上运动，
蓝色导线向下运动，

电路里产生了持续的电流。

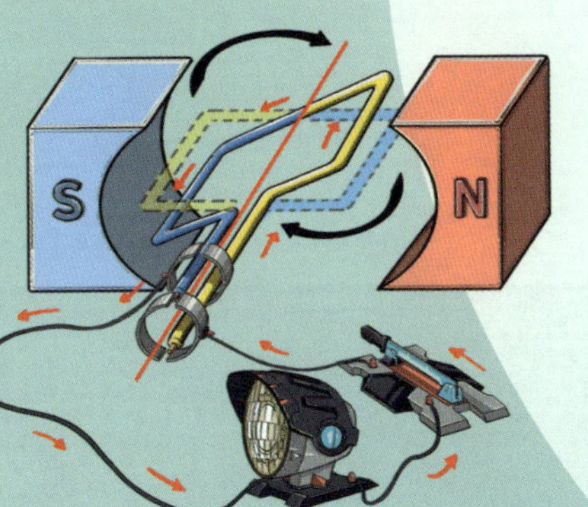

当线圈越过平衡位置时，

黄色导线变成向下运动，
蓝色导线变成向上运动，

导线运动方向改变了，
电流的方向也就改变了。

这种电流方向经常改变的，
就是**交变电流**，简称交流。

交变电流有频率，
每秒内周期性变化的次数，
就是**频率的数值**。

根据发电机的原理，
满芬做了一个手摇式发电机：

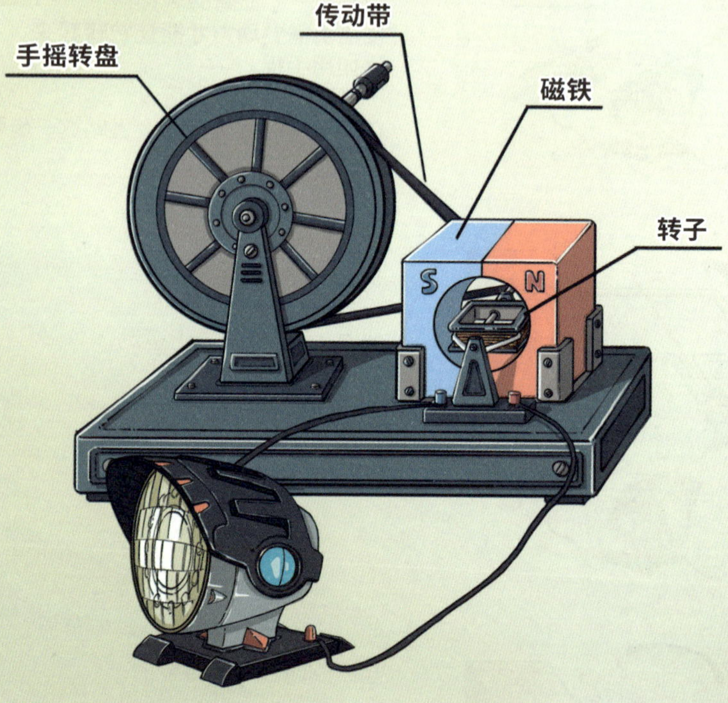

传动带
手摇转盘
磁铁
转子

……

你就负责手摇发电，不能停哟！

解决了照明问题，
满芬和大能马不停蹄地
赶往附近的军事基地求援。

援军迅速地赶到堡垒，
消灭了敌军。

满芬和大能回到堡垒，
受到英雄般的欢迎。
他们的“电学之旅”到此就结束了。
后面还会有怎样的奇遇呢？
我们拭目以待。

1 电动机

通电的导线在磁场中会受到力的作用。根据这个原理，我们就可以制造出电动机。

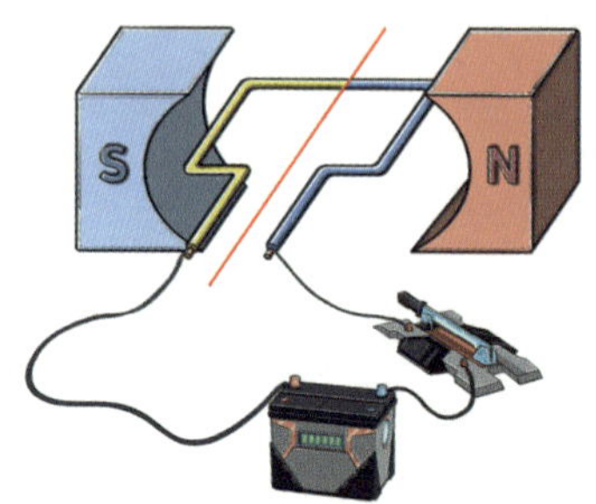

2 磁生电

电可以生磁，磁同样可以生电。在一个闭合电路中，如果一段导体运动起来，切割磁感线，这段导体中就会出现感应电流。

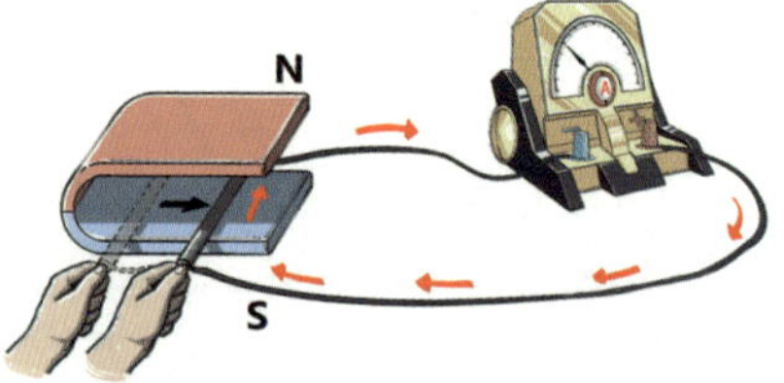

3 发电机

利用电磁感应的原理，我们可以制成发电机。使导线保持切割磁感线的运动，就会持续产生电流，整个过程是将机械能转化成电能的过程。

第二十一章

获取千里之外的消息

获取千里之外的消息

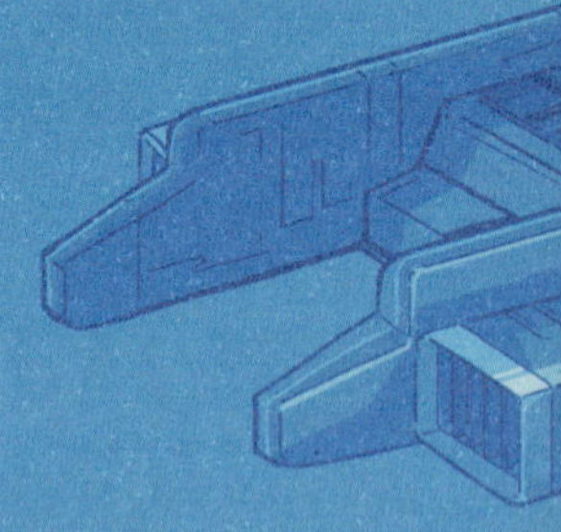

第一节
电话和无线通信

打个电话，就能和远方的亲朋畅聊；
发个邮件，远隔重洋也能瞬间送达。

这些传递信息的手段，
对我们来说是再平常不过的事了。
不过，我们是如何做到的呢？

今天，我们就聊聊有关信息传递的那些事。

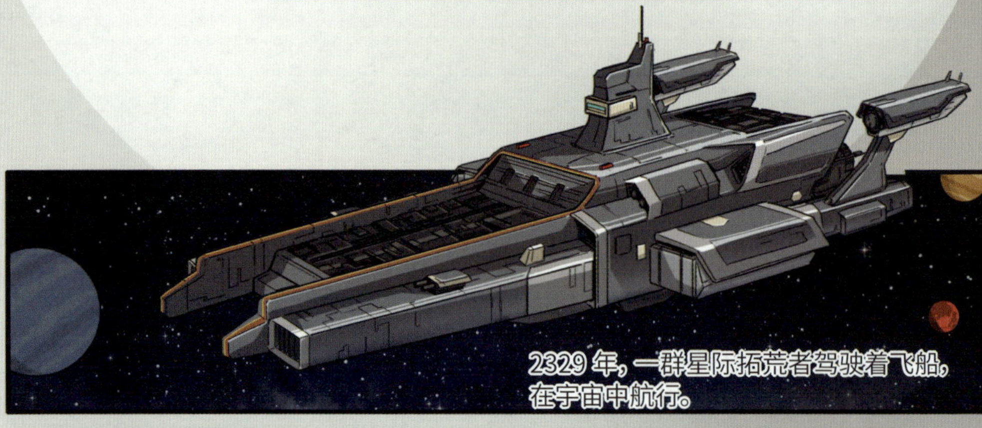

本来一切都很顺利，结果在降落的时候，
意外发生了。

拓荒者们只来得及抢救出很少的物资，飞船就在爆炸声中变成一个火球。

这意味着，他们要在这个新星球上几乎从零开始发展。

拓荒者们根据地势特点，建立了两个营地。安顿下来后，他们抓紧时间研究通信技术，尽早和地球取得联系。

令人烦心的是，当地有种巨狼经常袭扰营地，这种巨狼成群结队，很难对付。

这种传递信息的方法在中国古代经常被使用。

只是这种方法用来传递求救信号还行，
要是想传递复杂的消息，还是要靠人来送信。

那么，电话运用的是什么原理呢？
我们简单地了解一下。

我们之前学过，我们的声音是一种波，
只要我们把波形传递出去，
我们的声音也就传播出去了。

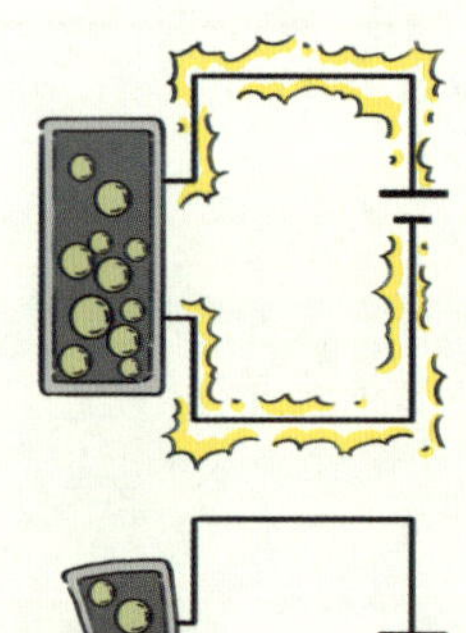

电话传递波形靠什么呢？靠电流。

旁边这张图画的就是电话里的重要部分—— 一个装着碳粒的小盒子。

当我们发出的声音撞击小盒子的时候，盒子里的碳粒会随着声音的频率时松时紧地被压迫，碳粒的**电阻就会随之变化**。

电阻变了会发生什么？电流也变了呗。这样我们就得到一段模拟声音波形的**电流信号**。

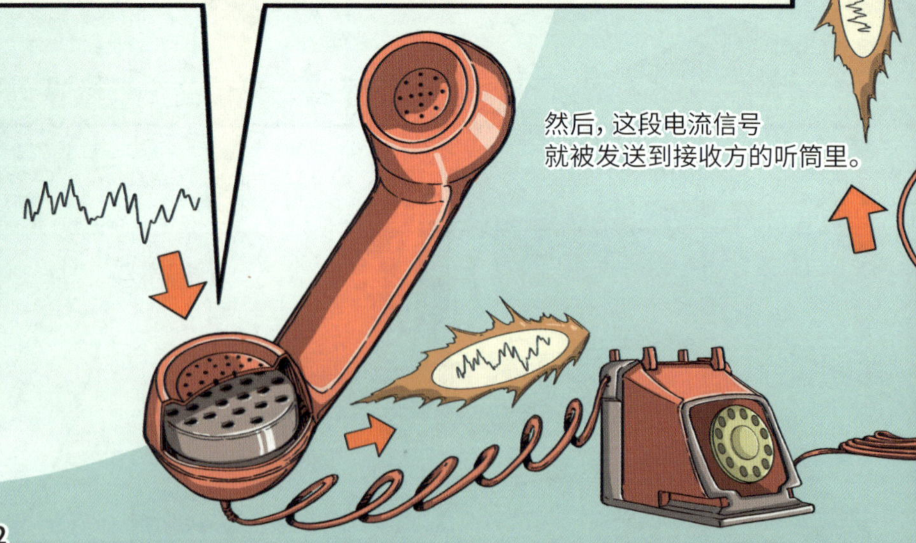

然后，这段电流信号
就被发送到接收方的听筒里。

在接收方的听筒里，这段电流信号要被还原成声音。

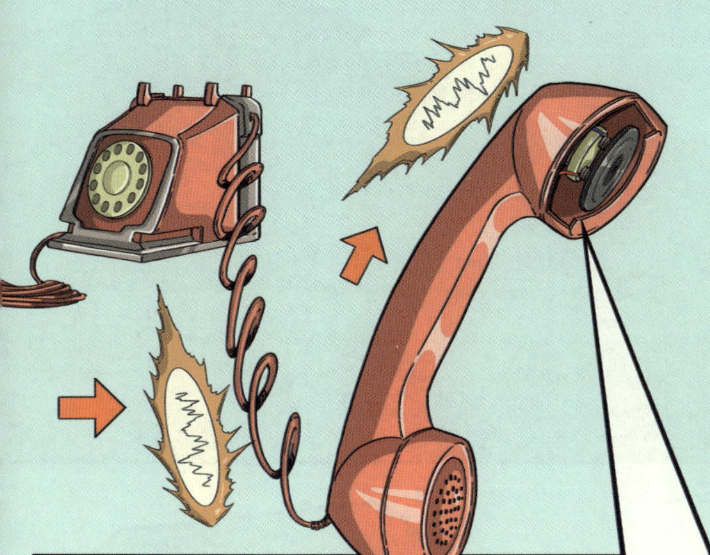

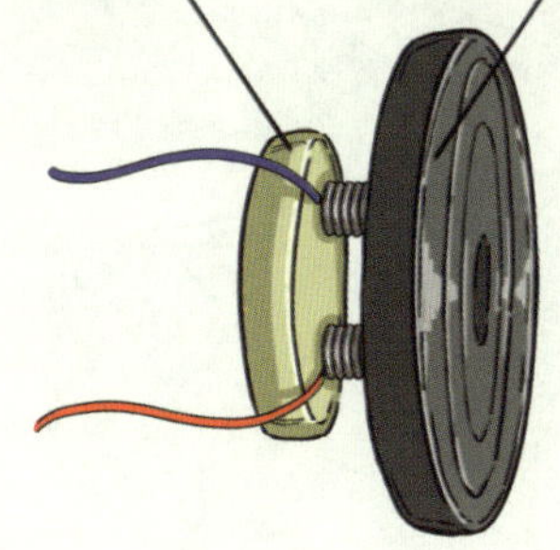

还原成声音主要靠两个零件：电磁铁和膜片。

传递过来的**电流信号不断变化**，所以
电磁铁对膜片的作用也不断变化。

膜片随着电流变化振动，
最后把声音波形还原回来。

但是有一天，意外出现了。

这天雷雨交加，一个营地遭受巨狼袭击，拓荒者赶忙打电话寻求支援。

打电话的人心急如焚，大喊：

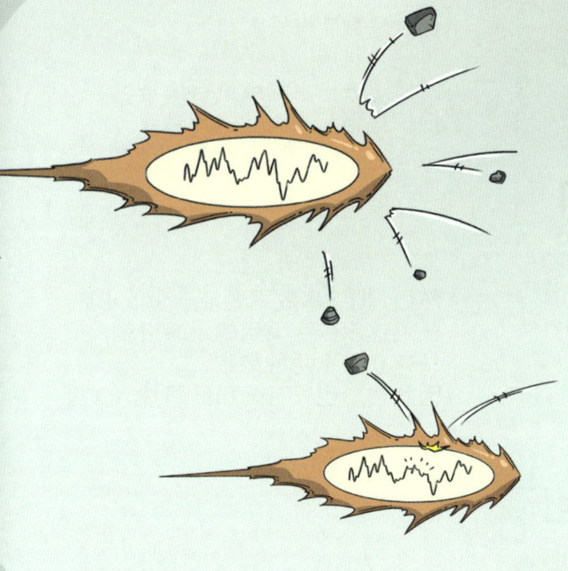

但是因为距离远，干扰又多，

在传递的过程中，
波形发生了改变。

结果传到目的地，就变成了：

这险些酿成大祸。

小贴士：这里只是举个简单的例子，这几句话真实的波形不是这样。

这种模拟真实波形的信号，
叫作**模拟信号**。

为了减少干扰，我们要用**数字信号**。

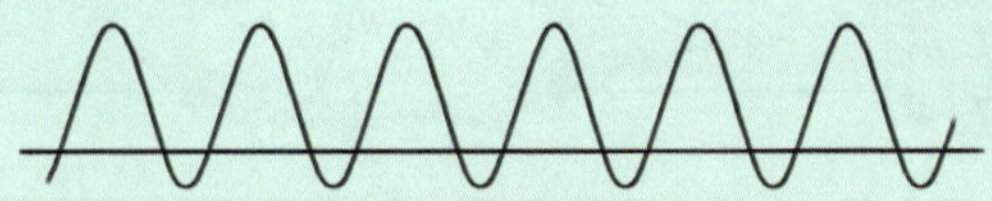

什么是数字信号呢？

就是对波形上的点进行编号，
把编号连起来就是一串数字。

011000110101

然后，把这串数字变成一个波形。
一般这串数字采用的是二进制，
只有 0 和 1 两种数字，
因此波形也只有高和低两种。

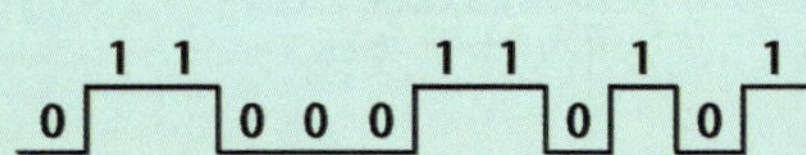

这种波形抗干扰能力非常强。
一般的干扰虽然也能扰动波形，
但是除非你把高的波形干扰成
低的波形，否则都能还原回来。

两个营地之间通话只需要连接一根电话线，
但是 7 个营地要两两相连，需要好多根电话线。
这会非常混乱。怎么办呢？

于是他们想到**电话交换机**，简单的原理就是 7 部电话都跟交换机相连，需要通话时将相应的接口连上就可以。

比如上面这张图，假如 1 号电话和 4 号电话需要通话，使用时将交换机上 1 号和 4 号接口连上，用完再断开就可以了。

这就要用到电磁波。
电磁波的原理非常复杂，
在这里我们就把它简单地理解成一种和水波很相似的波。

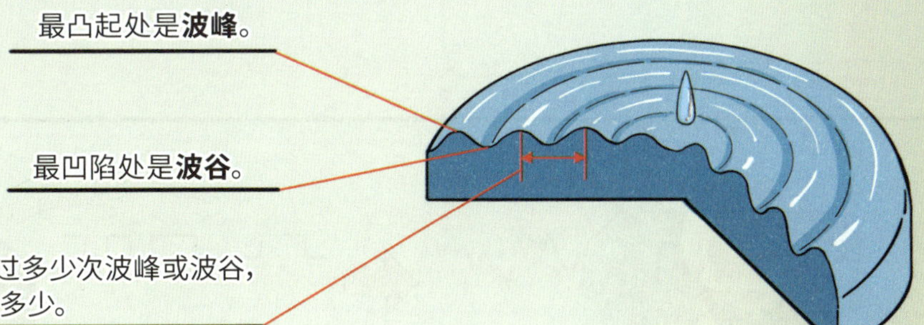

电磁波虽然复杂，但是非常常见。下面就是各种各样的电磁波。
它们的主要区别就是频率不同。没想到吧，连可见光都是电磁波的一种。

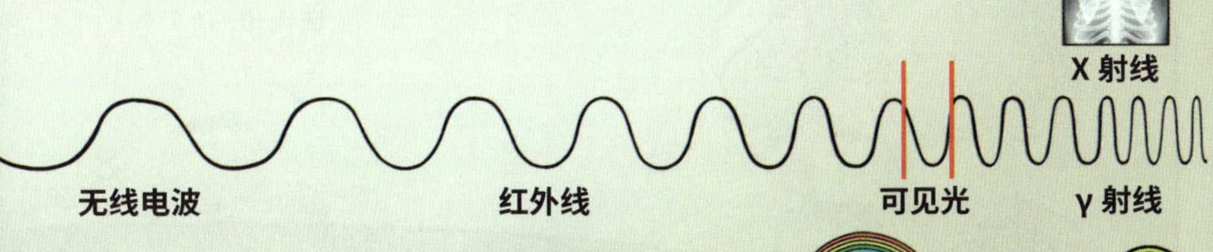

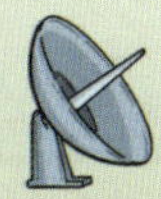

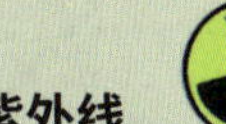

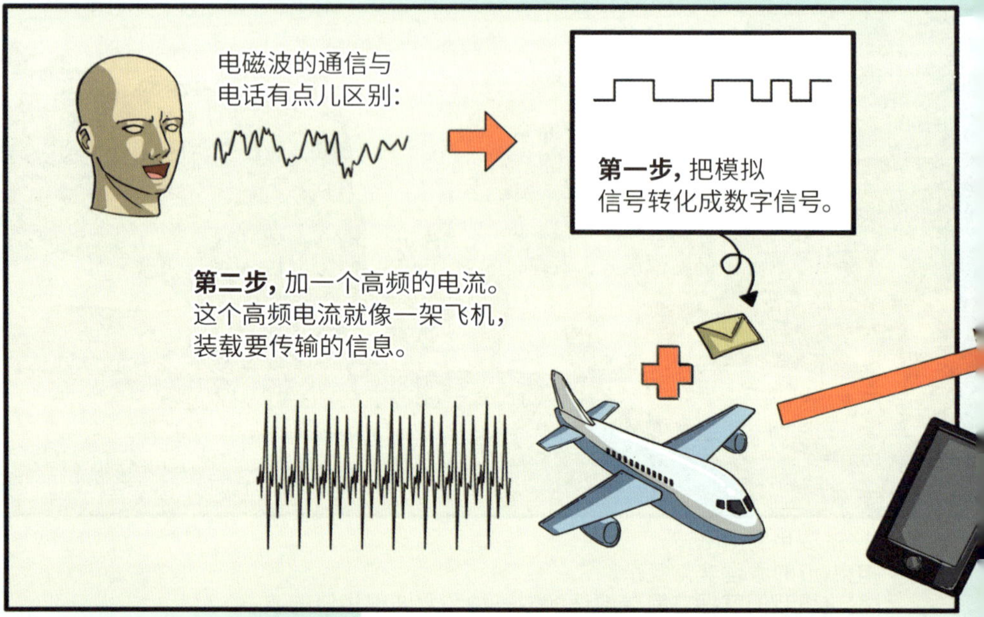

电磁波的通信与
电话有点儿区别：

第一步，把模拟
信号转化成数字信号。

第二步，加一个高频的电流。
这个高频电流就像一架飞机，
装载要传输的信息。

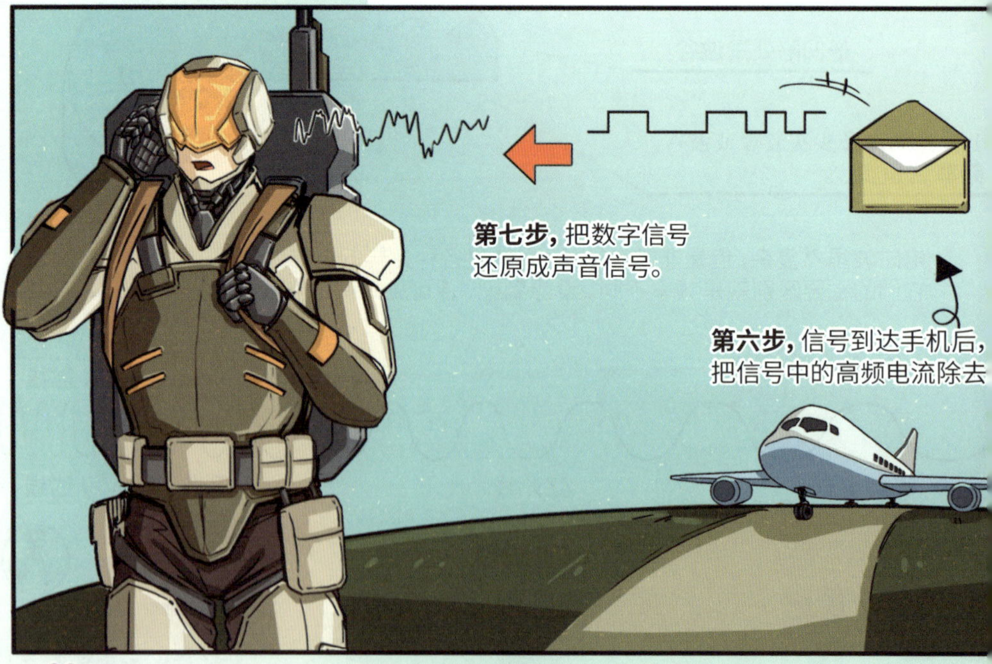

第七步，把数字信号
还原成声音信号。

第六步，信号到达手机后，
把信号中的高频电流除去

第三步，通过手机把信号
以电磁波的形式发出去。
第四步，信号到达基站后，
通过线路传输。
第五步，信号到达目的地基站后，
以电磁波形式传递给手机。

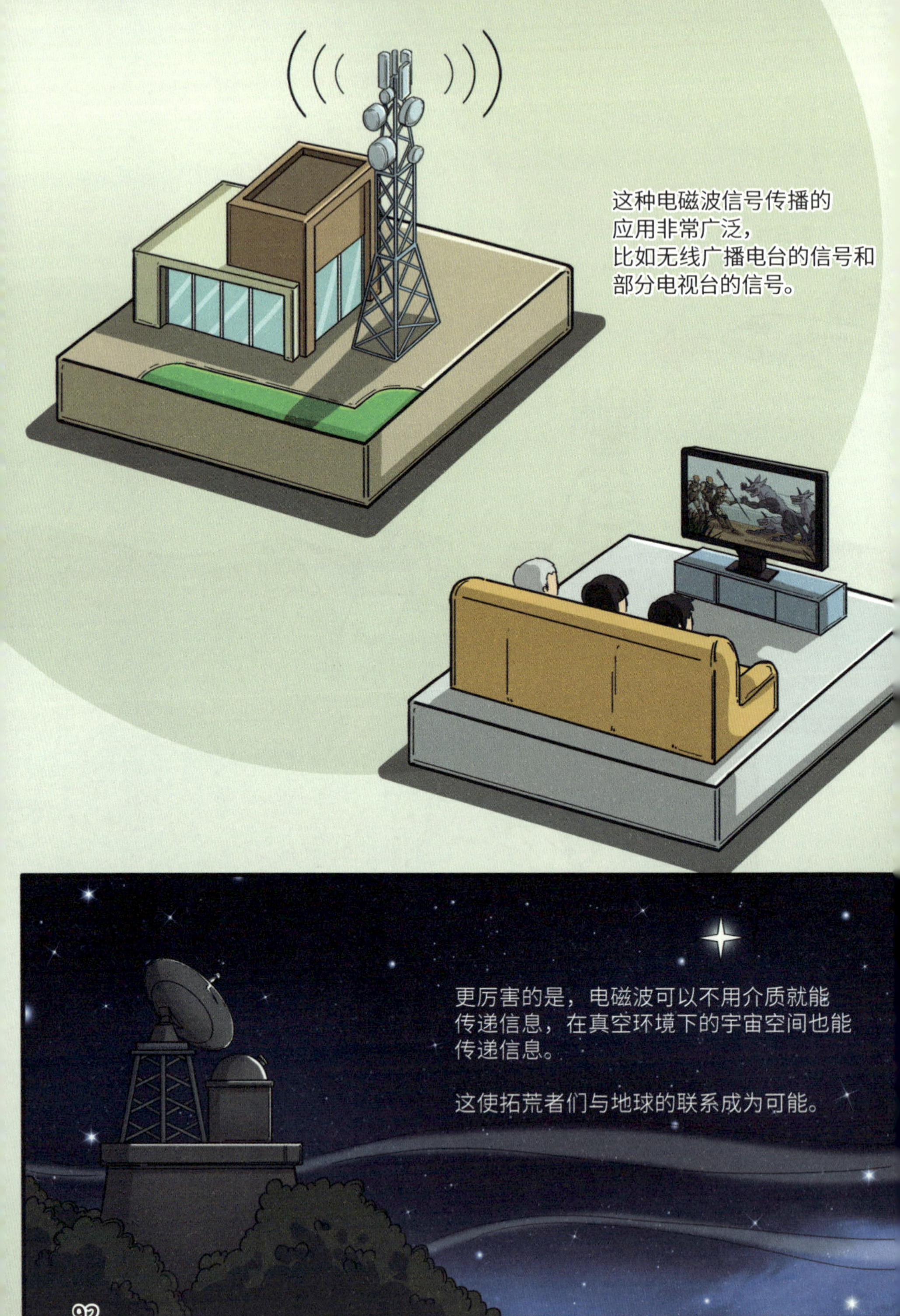
这种电磁波信号传播的
应用非常广泛，
比如无线广播电台的信号和
部分电视台的信号。
更厉害的是，电磁波可以不用介质就能
传递信息，在真空环境下的宇宙空间也能
传递信息。
这使拓荒者们与地球的联系成为可能。

小　结

SUMMARY

1 电话如何通信

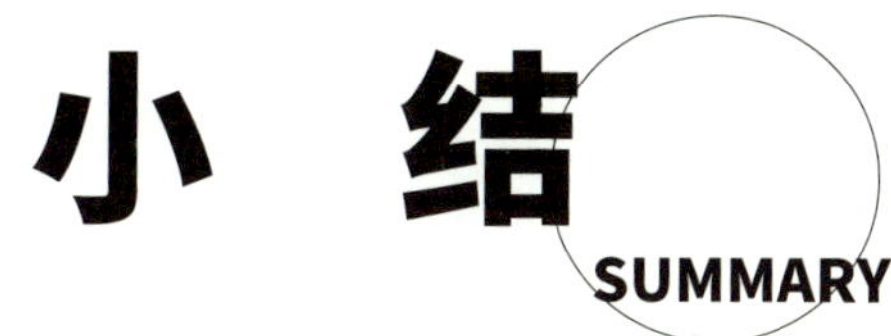

电话通信，就是在电话话筒的位置，将声音信号转化成电信号，通过电话线传输出去，送到另一端的听筒位置，再将电信号还原成声音信号。

2 电话交换机

电话之间通话需要两两相连，数量少还好，如果数量太多，就需要数不清的电话线。这时候就要用到电话交换机，通话时接通两部电话，通话完成后，再断开就可以了。

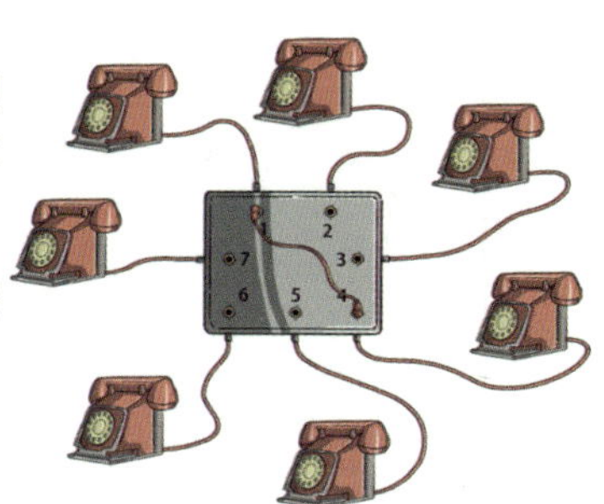

3 无线通信

无线通信利用的是电磁波。首先将声音信号转化成数字信号，然后加载到高频电流上，再通过天线产生电磁波并发射出去。接收信号时，先把高频电流去掉，最后将数字信号还原成声音信号。

现在不仅是声音，而且图像、视频同样可以进行无线传输。

1

除了用于通信，电磁波还有很多其他应用。在讲这些应用之前，我们先来看看电磁波的种类。

频率：10^{6}　10^{8}　10^{10}　10^{12}　10^{14}　10^{16}　10^{18}

可见光

电磁波种类：　无线电波　微波　红外线　紫外线　X射线　γ射线

2

就拿微波来说，不但可以用来通信，也可以用来加热食物。微波炉就是这么发明出来的。

食物里面的水分子在微波作用下剧烈振动，内能增加，温度升高。

3

大家对可见光都很熟悉，我们就不讲了。红外线和紫外线在实际生活中有很多用途。

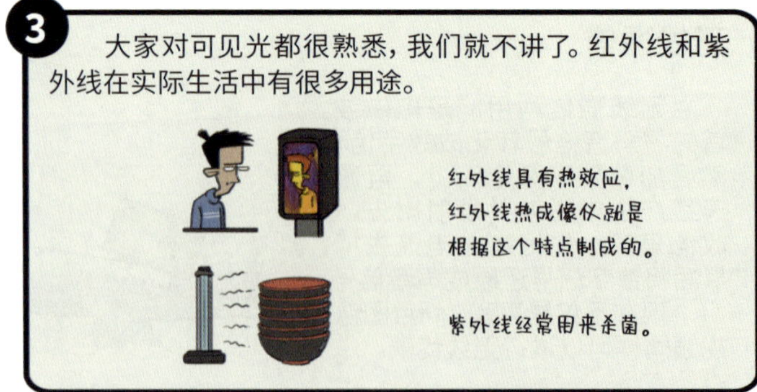

红外线具有热效应，
红外线热成像仪就是
根据这个特点制成的。

紫外线经常用来杀菌。

4 最后，我们聊聊平时不怎么熟悉的 X 射线和 γ 射线。这两种都是高能电磁波，能够直接破坏人体内的分子结构，长时间照射会对细胞产生很大的危害。

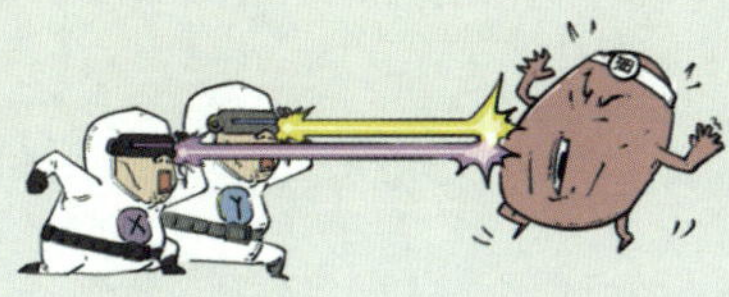

5 虽然长时间照射对人体有害，但是这两种电磁波在医学上都很有用。X 射线因为穿透力强，在医学上的应用就是我们常说的“拍片子”。

拍 X 光片，其实就是让 X 射线短时间穿透身体，给身体做个“透视”。

6 γ 射线是一种核辐射，对人体细胞的伤害不小。科学家根据 γ 射线对细胞的破坏性，研制出手术仪器“伽玛刀”。这种仪器可以利用 γ 射线精准破坏癌细胞，尽量减少对正常细胞的影响，从而治疗癌症。

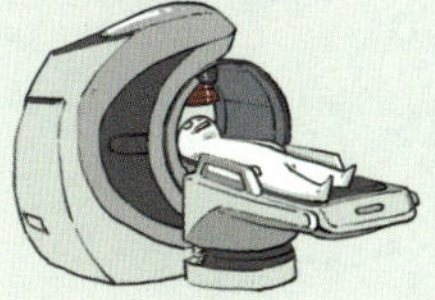

第二节
网络通信

越来越多的城市出现。
移民越来越多，
对通信的需求也越来越多。

人们需要一种方式，
可以快速传递大量信息。

于是，人们就开发出**微波通信**。

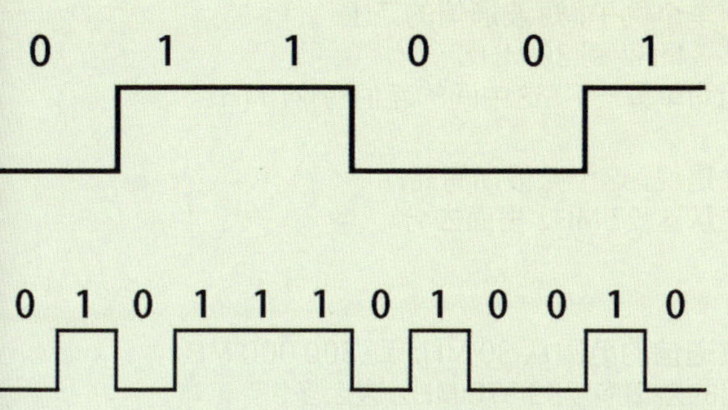

你们先猜猜，
波携带的信息量和什么有关？

答案就是**频率**，
也就是波振动的快慢。

比如左侧这两张图，
上面的波可以表现 6 个数字；
下面的波频率加倍，
可以表现 12 个数字，
携带的信息足足多了一倍。

原本无线通信使用的频率
大致在这个位置，频率比较低；

无线电报　红外线　可见光　紫外线　X射线

现在微波的频率范围大致在这儿，
频率高了不少。

微波不仅传递的信息变多了，
而且可以让更多人同时使用。

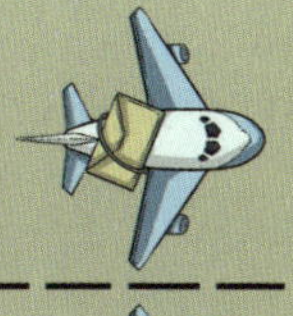

为什么呢？
在实际生活里，肯定不会只有一个人
在传递信息。为了防止信息互相干扰，
就给同一时间传递信息的每个人
都分配一条路，让他们互相不干扰。

很明显，路越多，能够同时使用的人就越多。
那路的多少与什么有关呢？答案还是频率。

我们举个例子，**短波通信**的范围
是从 3 MHz 到 30 MHz。
我们简单算一下，这中间的差值有 27 MHz。

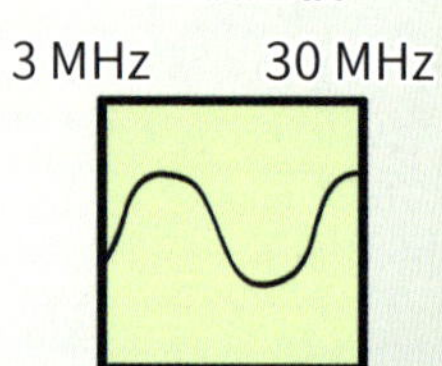

也就是说，这个频段所有路
都要从这 27 MHz 里面去分。

微波通信的范围从 30 MHz 到 300 000 MHz，
中间的差值有 299 970 MHz 这么多，
可以分出更多路，也就能同时服务更多人。

微波通信

30 MHz

300 000 MHz

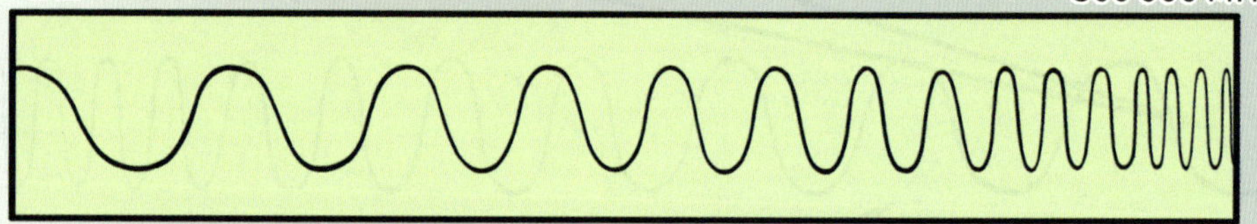

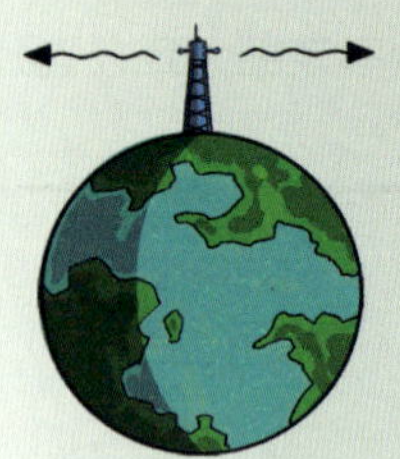

微波通信优点多多，
但是有一个**致命的弱点**——

一般只走直线。

但是，星球是圆的，
因此每隔一定的距离就要架设一个中继站，
耗时又费力。

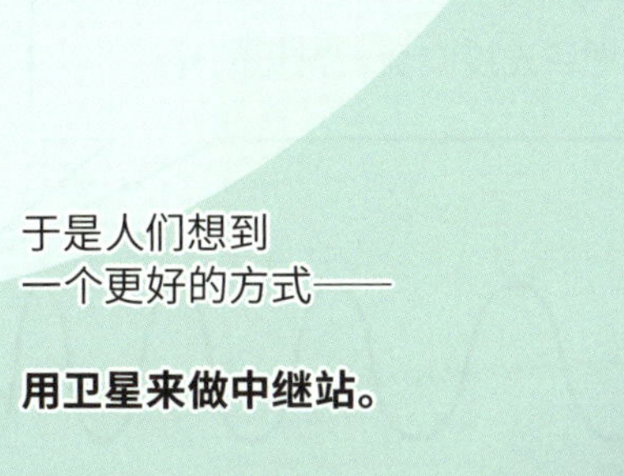

拓荒者们开始向太空发射卫星。

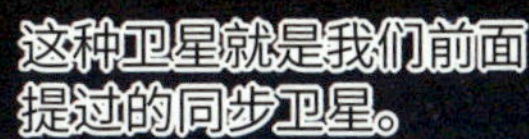

理论上，只需要 3 颗卫星
就能覆盖整个星球。

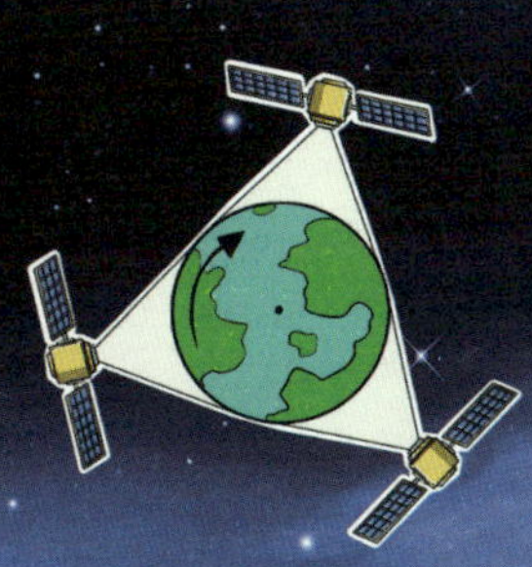

微波通信频率高，携带的信息就多。
那还有没有频率更高的波呢？

拓荒者们就把目光投向我们常见的光。

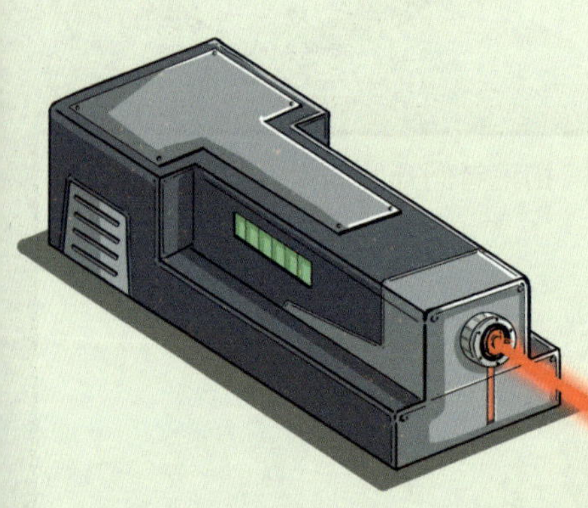

不过这可不是普通的光，
而是一种红宝石激光器
产生的激光。

这种激光可以在特殊材料光导纤维里传输。
光导纤维是一种很细的玻璃丝。光就携带着信息，
在光导纤维里面反射，最终传递到远方。
这就是我们常听到的**光纤传输技术**。

从此，拓荒者们传递信息的速度又上了一个台阶。

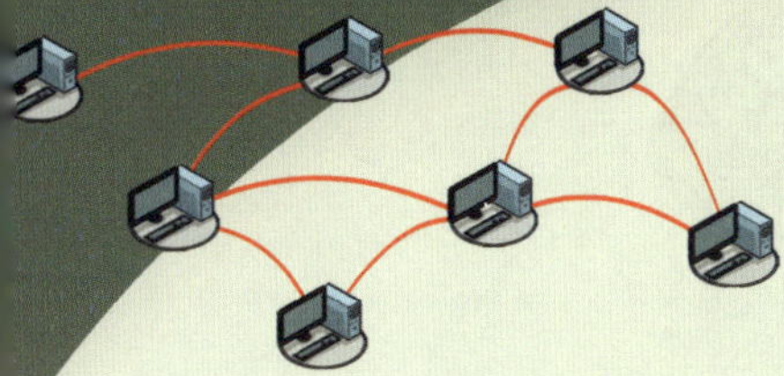

这时候，计算机也在新星球上兴起。计算机通过微波通信或者光纤连接在一起，组成一个巨大的网络，来进行信息传递。

我们就拿人们最常用的电子邮件来举个例子，看看人们是如何利用网络进行通信的。

daneng@hunzhi.com.cn

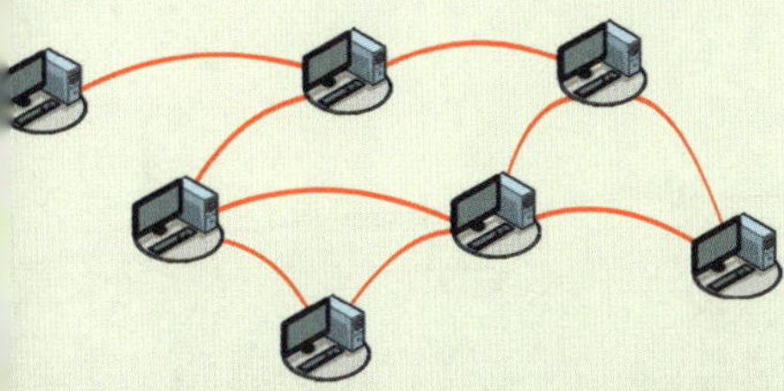

上面这个纸条是大能的邮箱地址。我们要给他发邮件，该怎么做呢？

首先，在网络世界里有很多服务器，就好比很多小区。纸条上后半部分“hunzhi.com.cn”就是这个小区的名字。**名字里的“cn”代表这个小区在中国**。所以，我们要先找到这个小区。

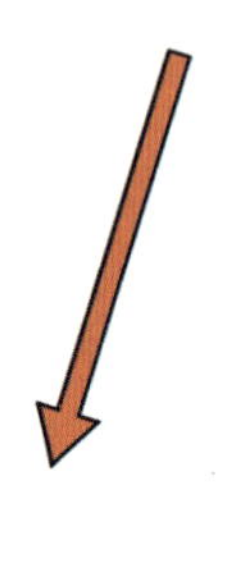

然后，我们要在小区里找到名字是“daneng”的信箱，把信投递进去，这样大能就能收到了。

从古代的烽火狼烟到现代的手机网络，咱们人类为了传递信息可真是下了不少功夫，不过这些方法也实实在在地改变了我们的生活。

这些方法背后有很多物理知识。同学们，你们也可以结合自己知道的物理知识想象一下：未来我们会用什么方式通信呢？

1 微波通信

频率越高，相同时间内传输的信息就越多，因此人们开发出微波通信。

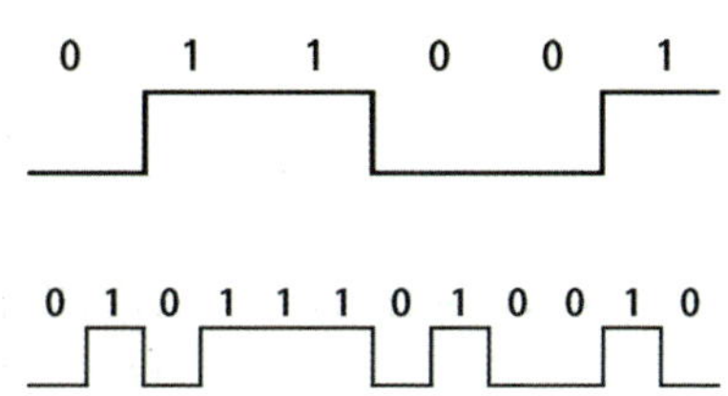

2 光纤通信

光也是一种电磁波，而且频率很高，传输信息速度非常快。根据光的特点，人们研发出激光和光导纤维，实现了光纤通信的构想。

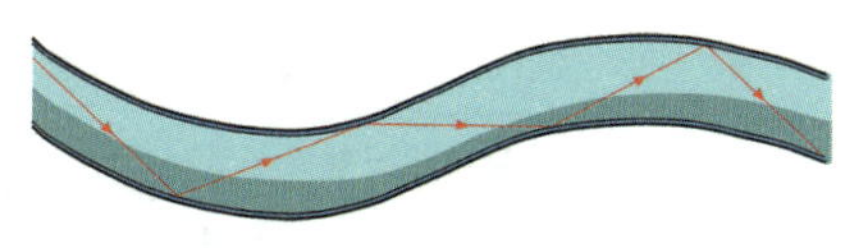

3 网络通信

当计算机越来越普及时，人们把计算机连在一起，这样就可以进行网络通信。电子邮件就是一种人们经常使用的网络通信方式。

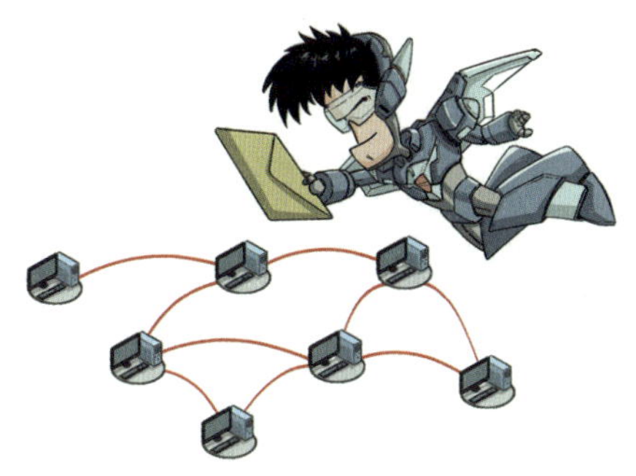

拓展阅读

海底光缆是如何建成的

1 在网络通信中，光缆是一种很重要的信息传输工具。被大片海洋隔开的两个国家要想联网通信，就得建设海底光缆。

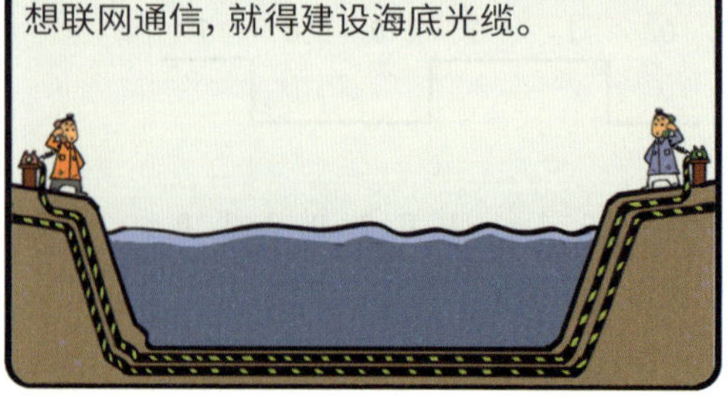

2 关于海底光缆是如何建成的，大家肯定有一堆问题：

海底那么深，光缆怎么放下去？

海水压强大，腐蚀性强，光缆受得了吗？

3 第一个问题：光缆怎么放下去？一般来说，深海和浅海的铺设方法是不一样的。先说浅海，浅海处的船只和海洋生物比较多，因此光缆放到海里还需要埋设一下，这样可以防止被破坏。

利用光缆铺设犁挖沟—放光缆—埋沟，这三步一气呵成，很快就能把一整段光缆铺设好。

4 深海地区海洋生物不多，也几乎没有船只，不会对光缆造成破坏，所以直接将光缆铺到海底就行了，不需要埋设。

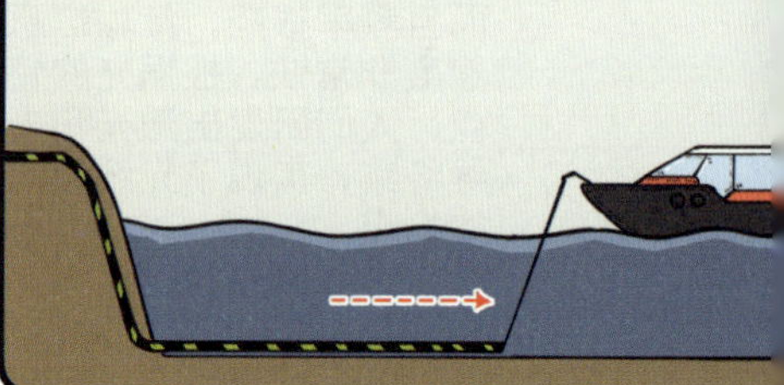

5 海底压强大，海水腐蚀性强。为了保护光缆最里面的光纤，人们给光纤加了层层防护。下面就是某种海底光缆的结构。

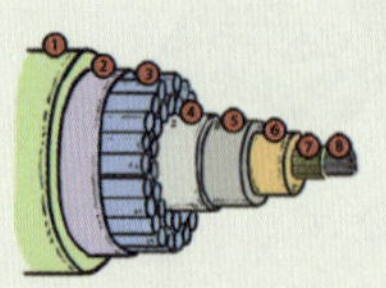

第1层：聚乙烯层
第2层：聚酯树脂或沥青层
第3层：钢绞线层
第4层：铝制防水层
第5层：聚碳酸酯层
第6层：铜管或铝管
第7层：石蜡和烷烃层
第8层：光纤束

从里到外有7个保护层。怪不得海底光缆不怕压，也不怕腐蚀。

6 海底光缆传输信息的速度非常快。就拿中国正在建设的“和平光缆”项目来说，这条光缆横跨亚洲、欧洲和非洲，每纤对最高传输速度是每秒钟16T。(T表示传输的字节数，1T=1024G) 这是什么概念呢？

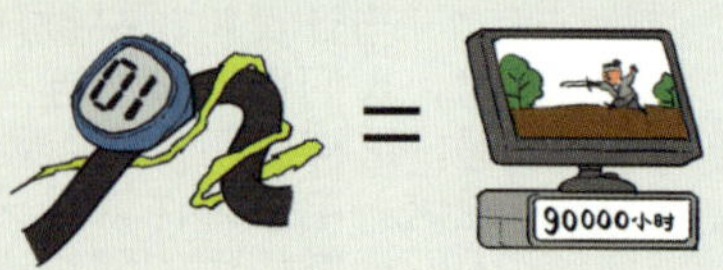

1秒钟传输的信息相当于9万小时的视频播放数据

第二十二章

二次星际旅行的能源问题

一次星际旅行的能源问题

第一节
能 源

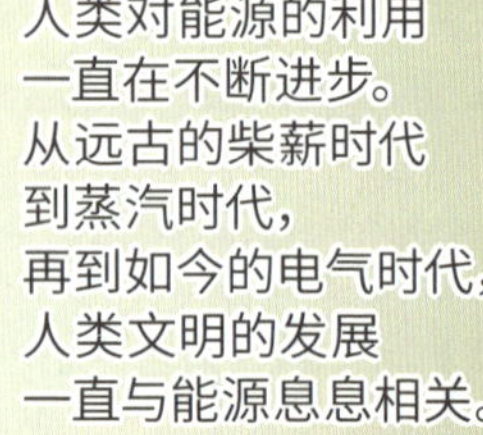

人类对能源的利用
一直在不断进步。
从远古的柴薪时代
到蒸汽时代，
再到如今的电气时代，
人类文明的发展
一直与能源息息相关。

蒸汽时代

电气时代

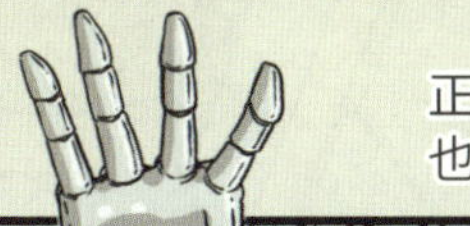

正在筹备一场旅行的大能
也遇上了能源问题……

哈哈，冥王星，
我来啦！

你再考虑考虑？
不是我泼冷水，
冥王星非常远。

地球

6 000 000 000 千米

冥王星

冥王星距离地球约 60 亿千米，
约等于我们绕地球 150 000 圈。

小意思，
我有一艘
大飞船……

当当当！
内有水循环系统和
食物合成系统，
一艘完全可以搞定
长途旅行的大飞船
怎么样？
那……你用什么
作为燃料呢？
啊……大概……
大概是水洗煤……
那你要用到的
燃料的体积，比
你的飞船还要
大好多好多倍。
这我倒是没想到……
那怎么办啊？

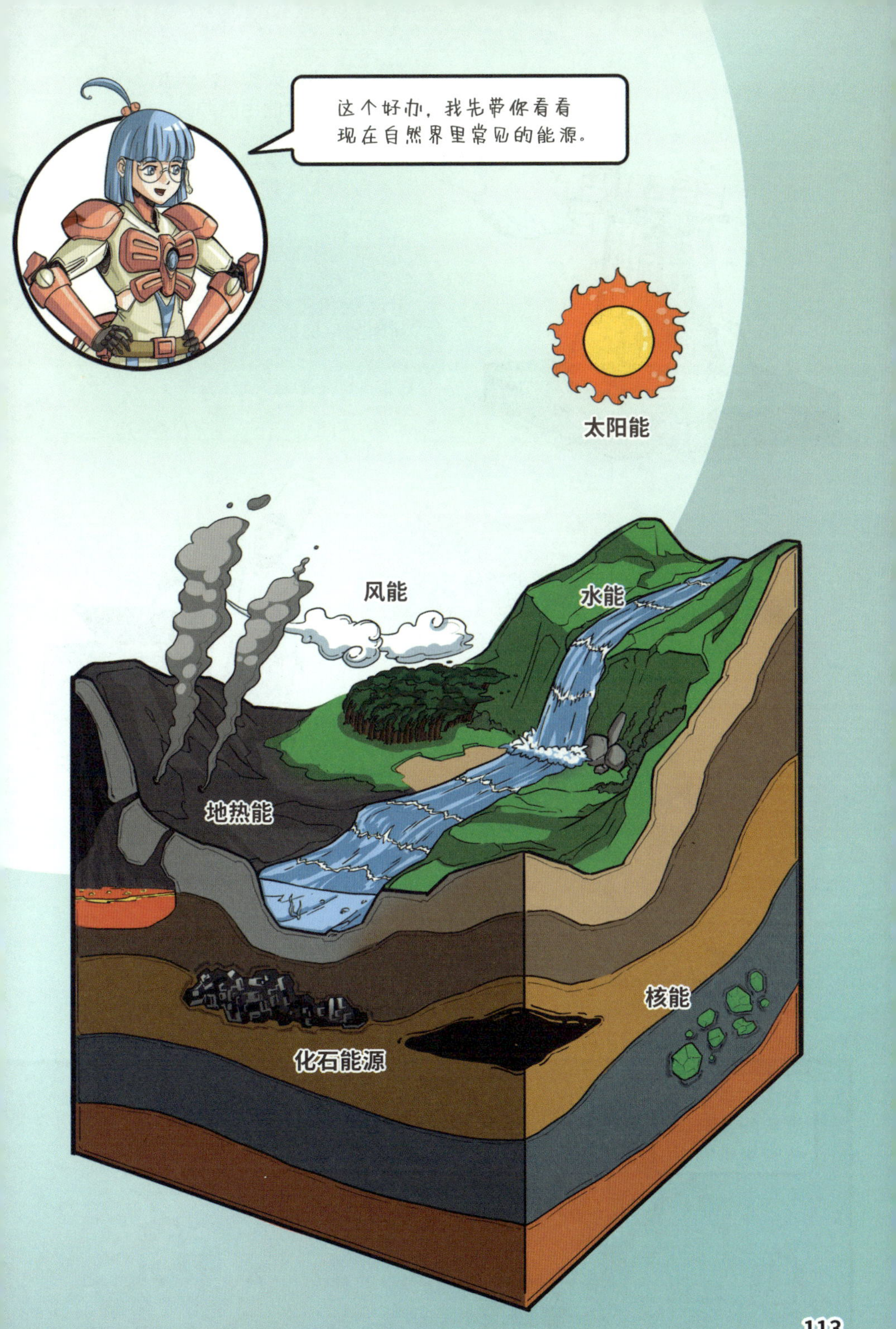

风能

水能

地热能

核能

化石能源

我们人类从古代就开始使用能源。

给大家举几个例子：

带动磨盘工作的风车利用的是风能。

加热饭菜的燃料就是化石能源。

向高处送水的水车利用的是水能。

右侧这些是可以
直接从自然界
获得的能源，
叫作**一次能源**。

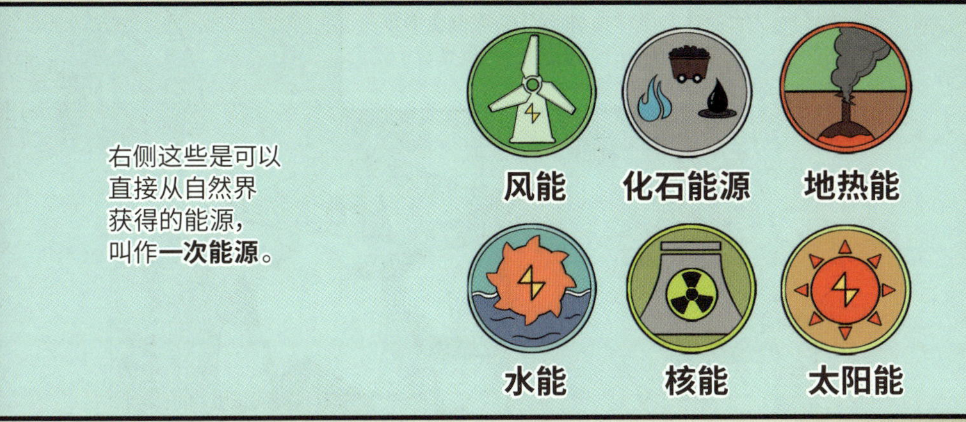

但是，对于电能，
我们无法从自然界直接获取。

这就需要做一些转化。
我们用风能发电举个例子：

风能

电能

风带动叶片转动。

叶片带动发电机
转动发电。

产生的电能
经过处理后，
进入千家万户。

像电能这样，不能从自然界直接得到，
需要消耗一次能源才能获得的能源
叫作**二次能源**。

飞船需要带的是一次能源。

从自然界中可以源源不断地
获得的能源叫作**可再生能源**：

风能

太阳能

水能

短时间内不能从自然界得到
补充的能源叫作**不可再生能源**：

化石能源

核能

最后，还要看一下，
这种能源是不是
清洁能源……

你看，如果能源不够清洁，
就会污染环境。

好了，我们现在
盘点一下这些能源。

一次能源

首先，要带的能源
一定是一次能源。

风能
水能

宇宙里没有风和水，
这两个不可能。

化石能源

化石能源体积太大，
飞船带不了那么多。

太阳能

核能

这两个看起来体积小，
污染小，可以好好研究下。

小 结

1 能源

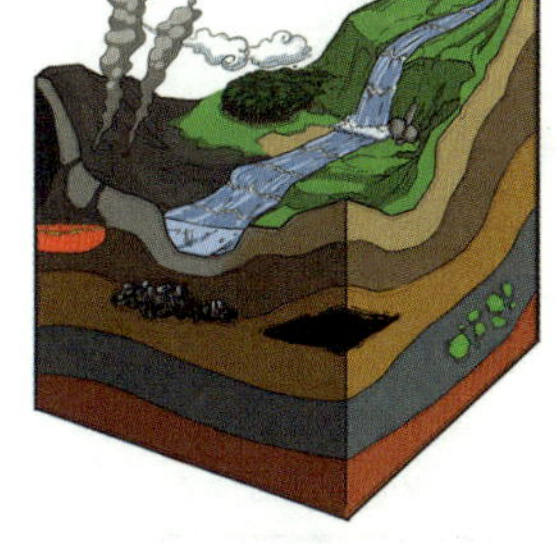

在我们的日常生活中，每时每刻都需要能量。我们说话需要能量，坐车需要能量，开动机器也需要能量。这些能量就来自各种不同的能源。

2 一次能源和二次能源

像风能、水能、太阳能、地热能以及核能，这些可以直接从大自然获取的能源叫作一次能源。

像电能这种不能从自然界直接获取，需要通过一次能源转化而来的能源，叫作二次能源。

3 环境污染和可持续发展

在选用能源的时候，我们也要考虑能源对环境的影响。例如：使用化石能源时会产生有害物质，我们就要更有效地利用化石能源，同时减少对环境的污染。

能源的可持续性也很重要，像化石能源、核能等是不可再生能源，未来人类要更多使用像太阳能、风能、水能等可再生能源。

拓展阅读

石油的处理和利用

1 石油是一种十分宝贵的能源。但是，开采出来的石油不能直接用，要经过一系列处理，让石油变成我们常用的一些工业品。

这个处理石油的过程叫石油化工。

2 石油化工的流程大致是这样的：先把原油加入高温裂解炉。

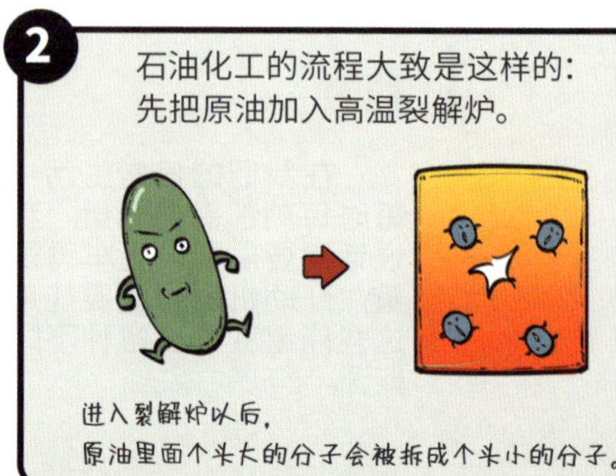

进入裂解炉以后，
原油里面个头大的分子会被拆成个头小的分子。

3 然后把裂解好的原油放入分馏塔。根据不同的沸点，原油里的物质大概会被分成 3 类：

比较小的分子：石油气

中等大小的分子：汽油、煤油、柴油

比较大的分子：各种工业原料

4 由比较小的分子构成的物质，在常温、常压下是气态。把它们装入高压气罐里，就做成了我们常用的液化石油气。

5 由中等大小的分子构成的物质，可以做成各种发动机的燃料：

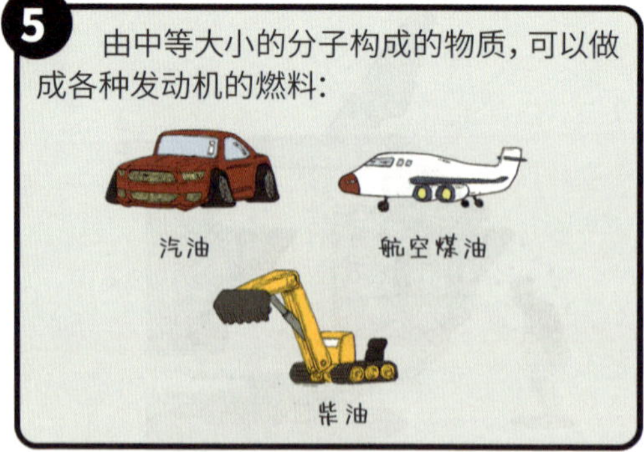

6 由比较大的分子构成的物质，就是我们常见的各类工业原料：

第二节

核能与太阳能

核能和太阳能
到底是怎么回事？

别急别急，
先给你讲个小故事吧。

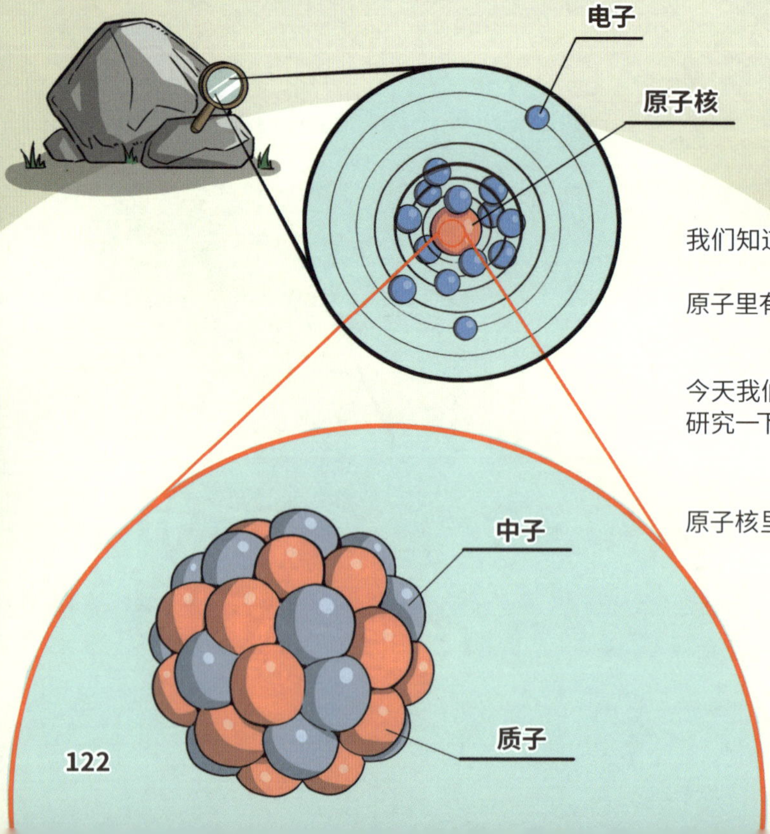

电子

原子核

我们知道，

原子里有电子和原子核。

今天我们就来好好
研究一下原子核。

原子核里有中子和质子。

中子

质子

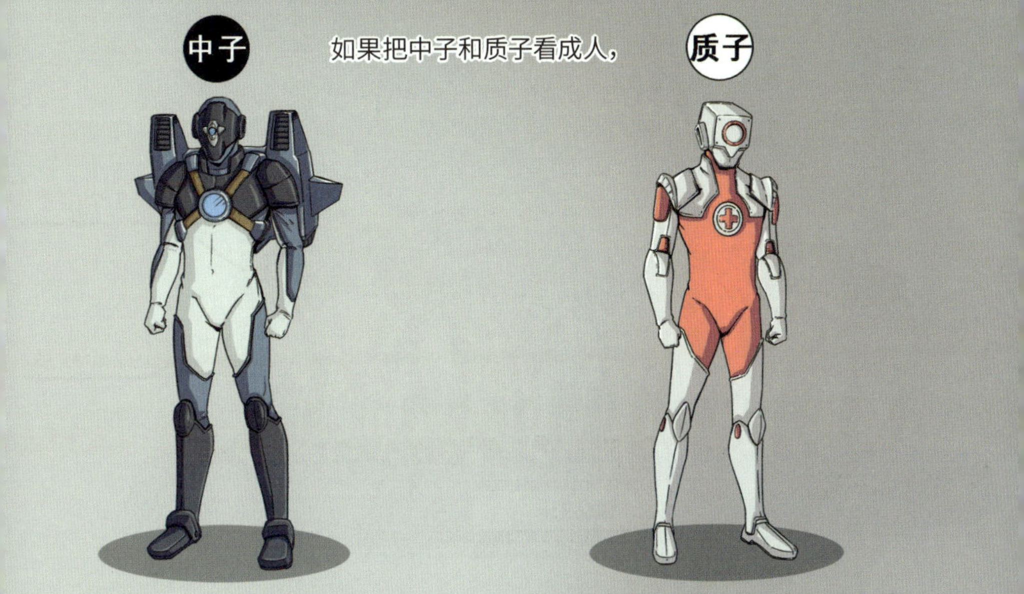

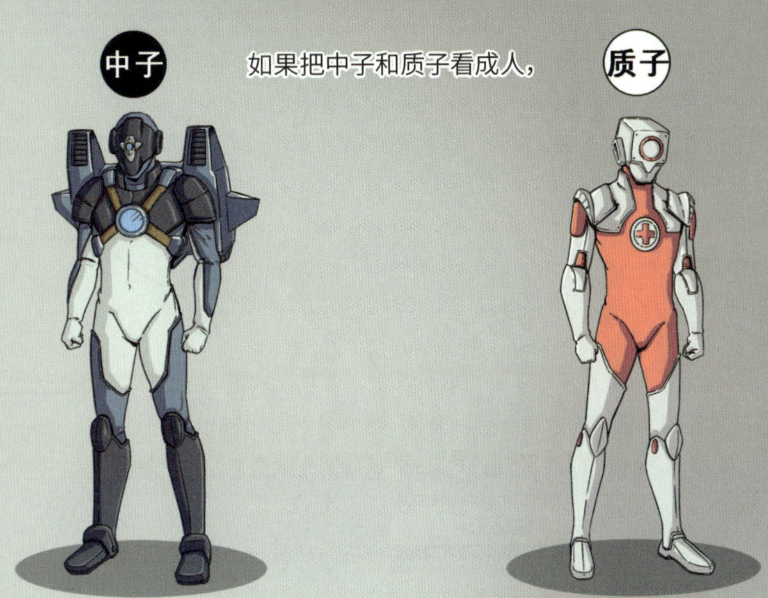

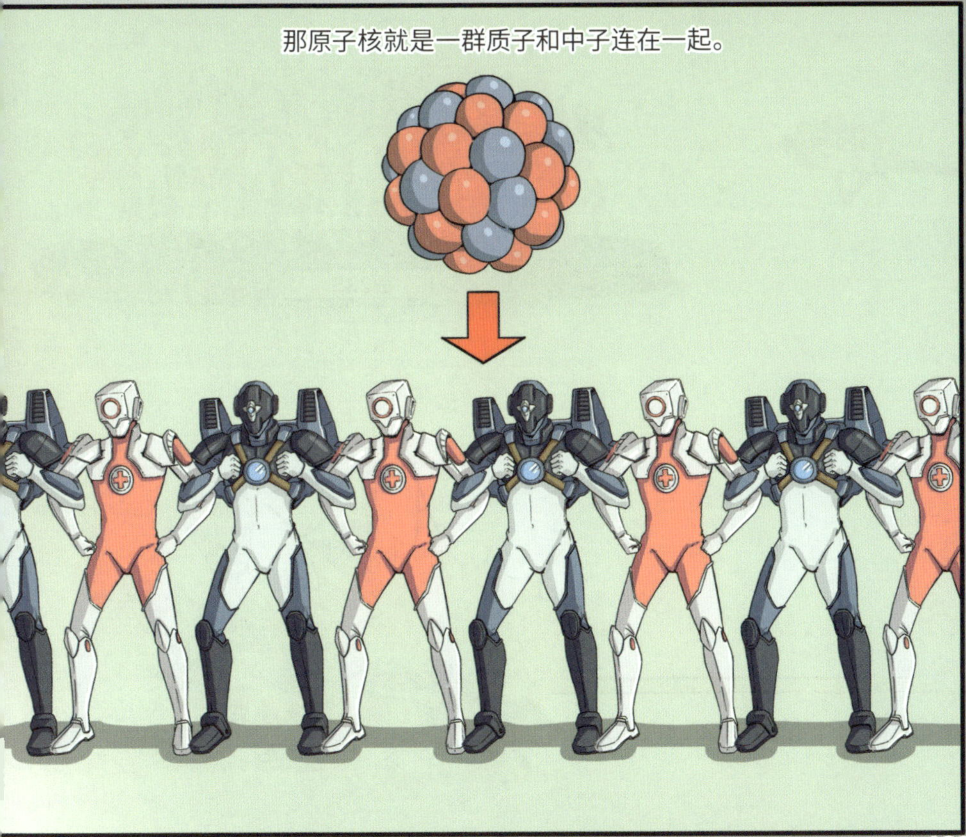

那原子核就是一群质子和中子连在一起。

例如：核反应常用的原料铀 235 的原子核里有 143 个中子和 92 个质子。

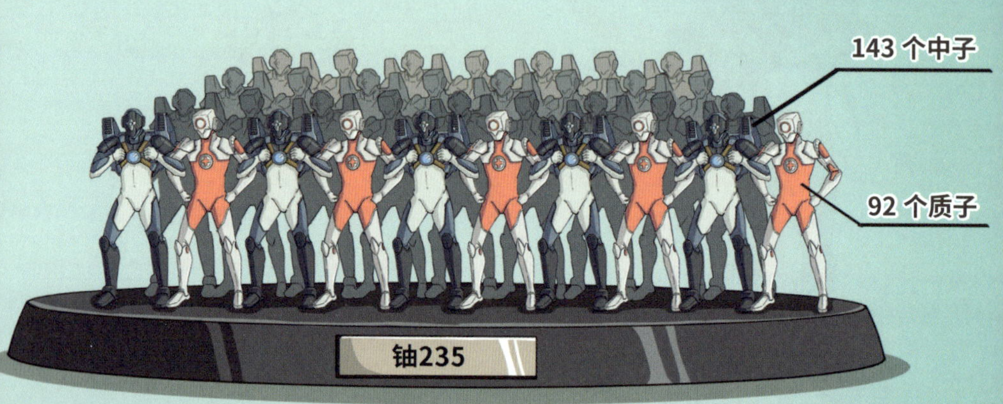

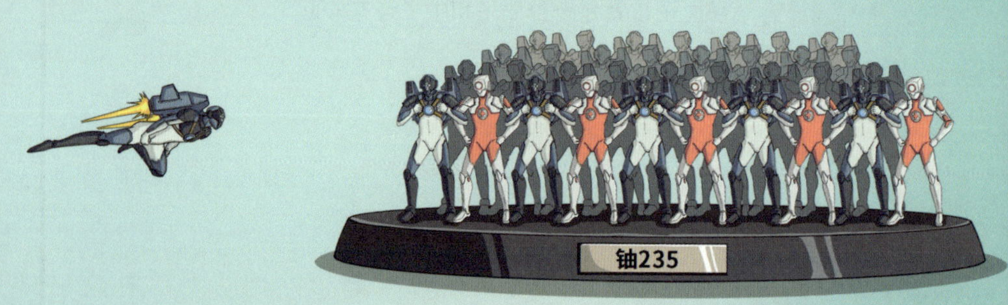

突然有一天，一个外来的中子把这个小团体撞得乱七八糟。

铀 235 被中子轰击后，开始裂变。
裂变方式有多种，我们简单介绍其中一种。

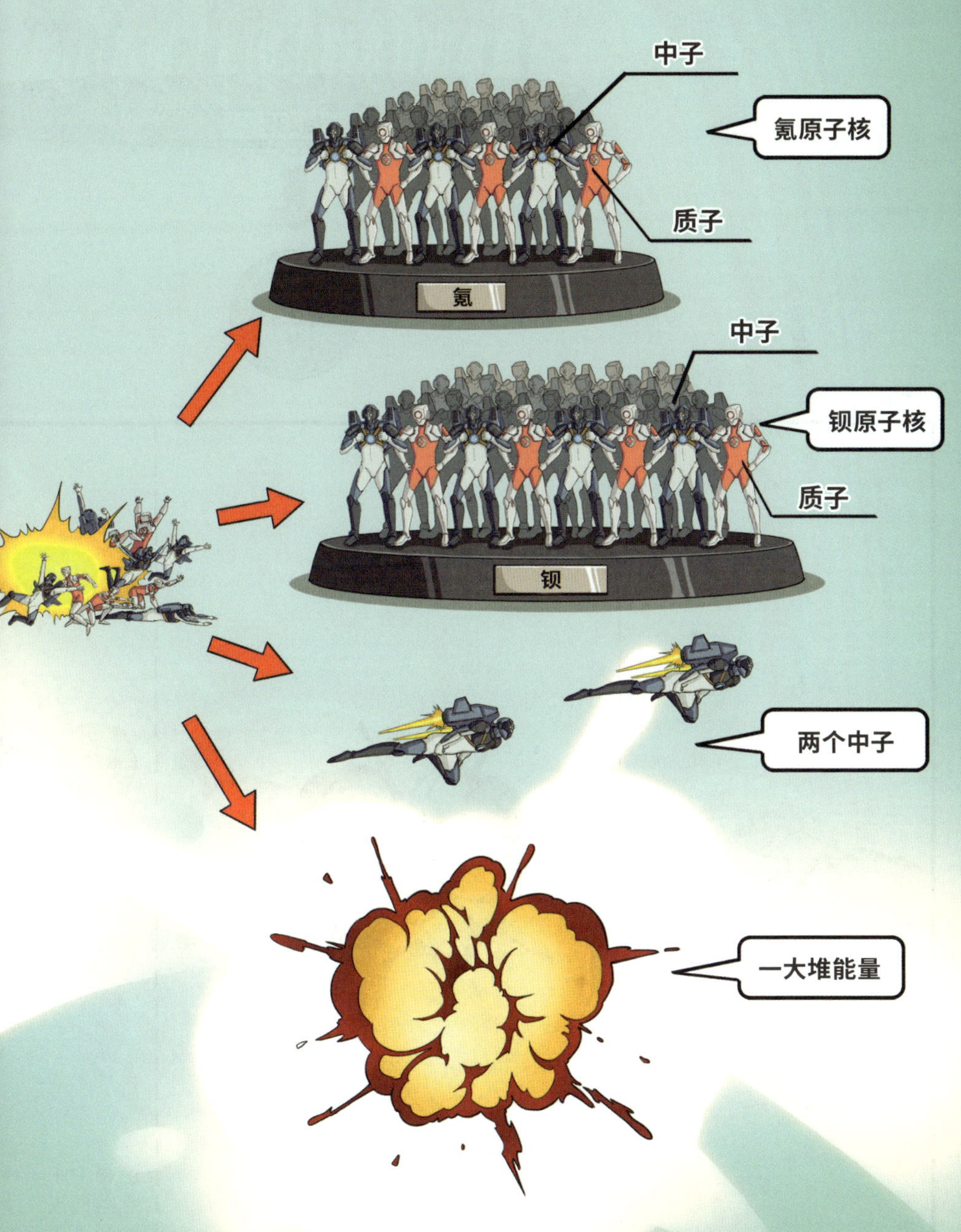

我们把这些组团的
中子、质子都用符号表示。

那么**核裂变**的反应过程就像下面这样：

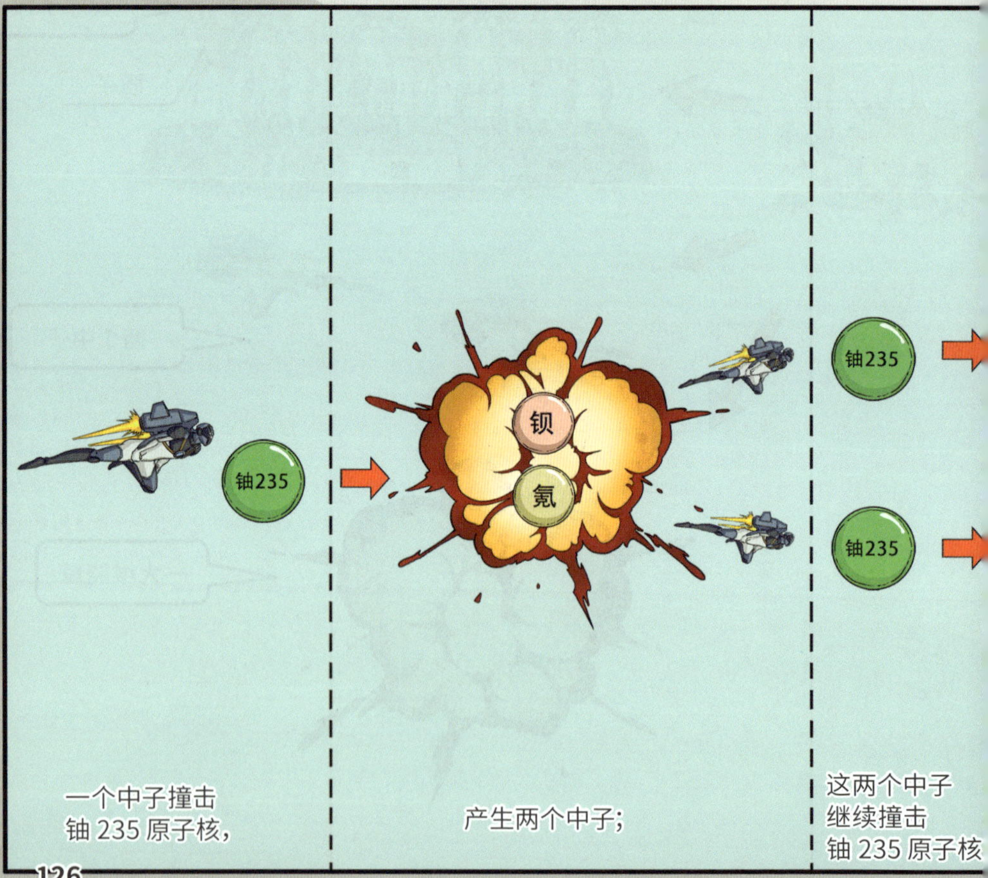

铀235

钡

氪

铀235

铀235

一个中子撞击
铀 235 原子核，

产生两个中子；

这两个中子
继续撞击
铀 235 原子核

又产生 4 个中子; 这 4 个中子
继续分别撞击铀 235 原子核……

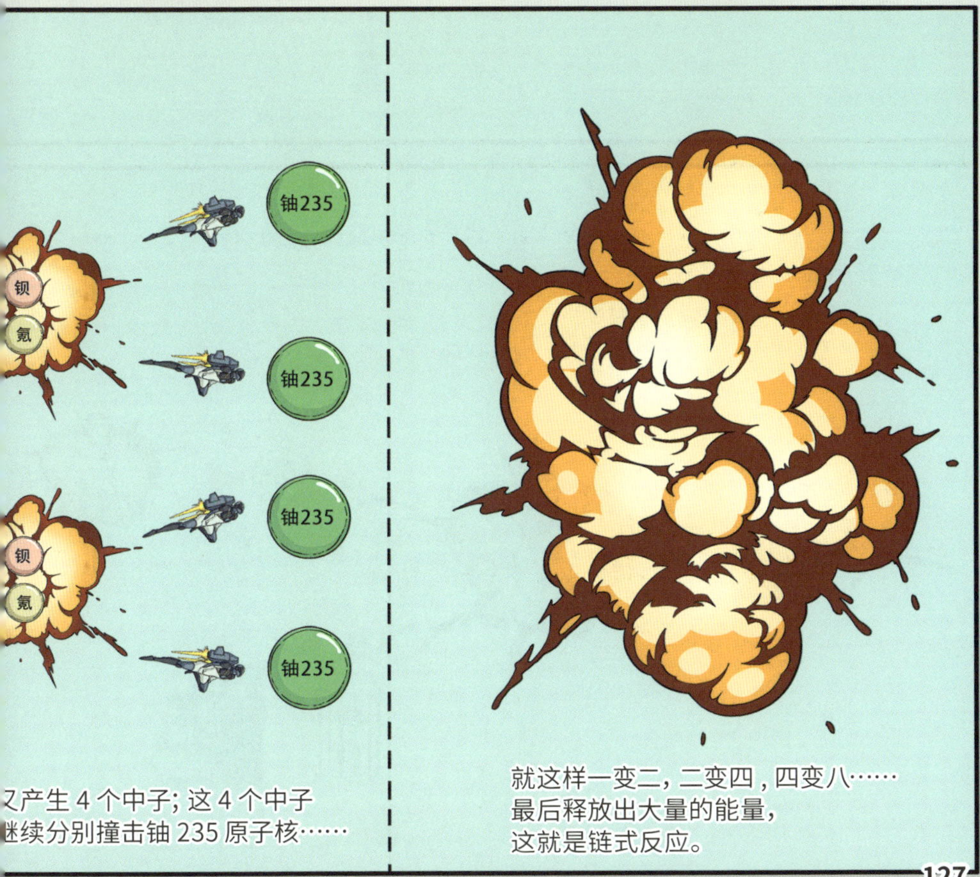

就这样一变二，二变四，四变八……
最后释放出大量的能量，
这就是链式反应。

因为这种反应非常剧烈，
所以被用在武器制造中。
原子弹用到的就是这个原理。

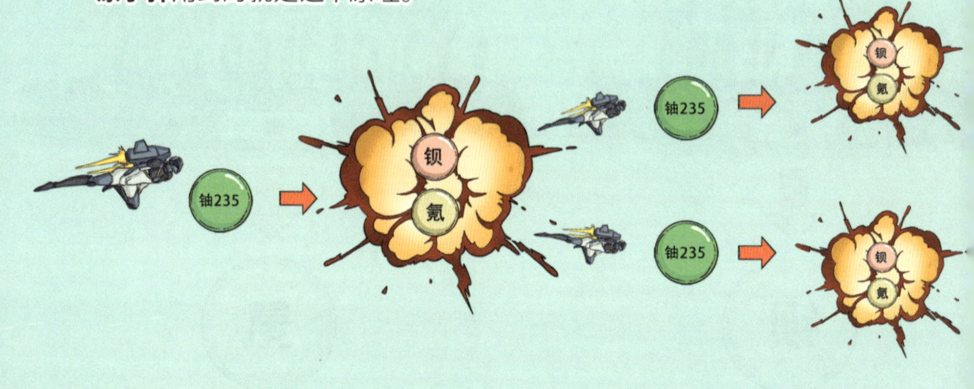

还有一种反应方式，相对温和一些，反应的进程是可以控制的，
核电站采用的就是这种方式：

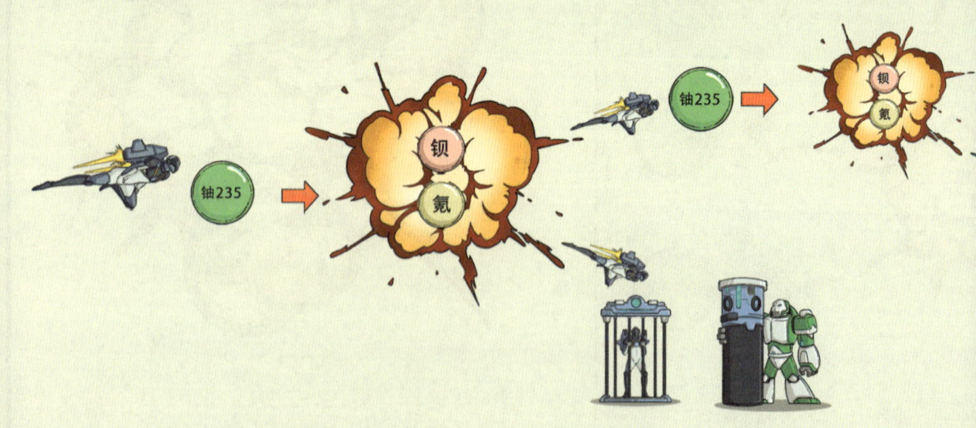

所以核动力飞船会飞，
是被炸飞的吗？

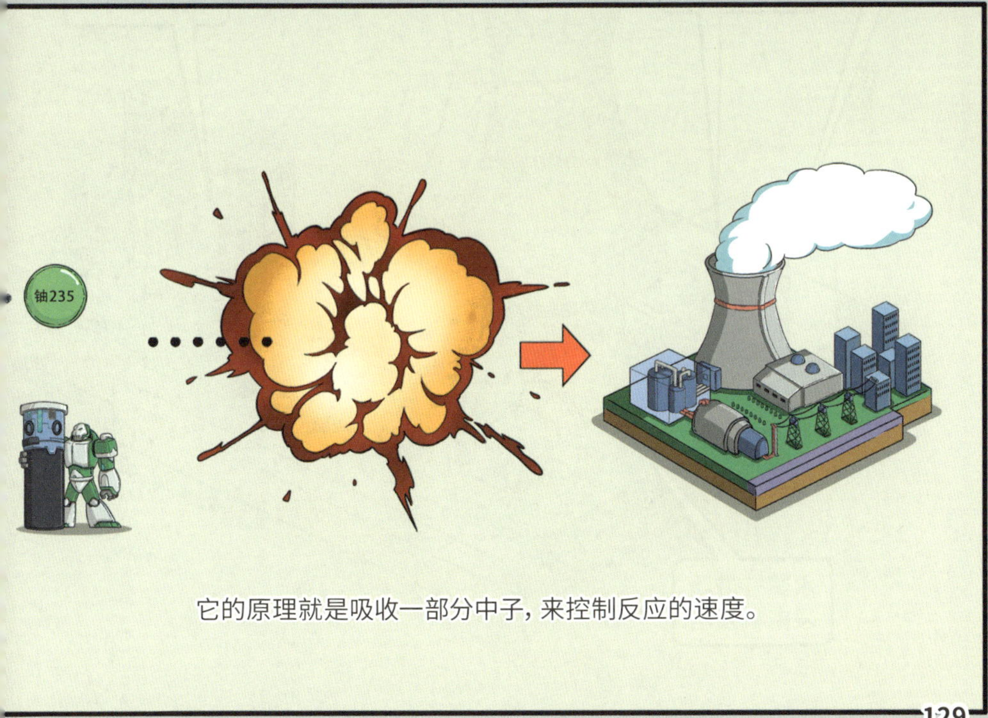

它的原理就是吸收一部分中子，来控制反应的速度。

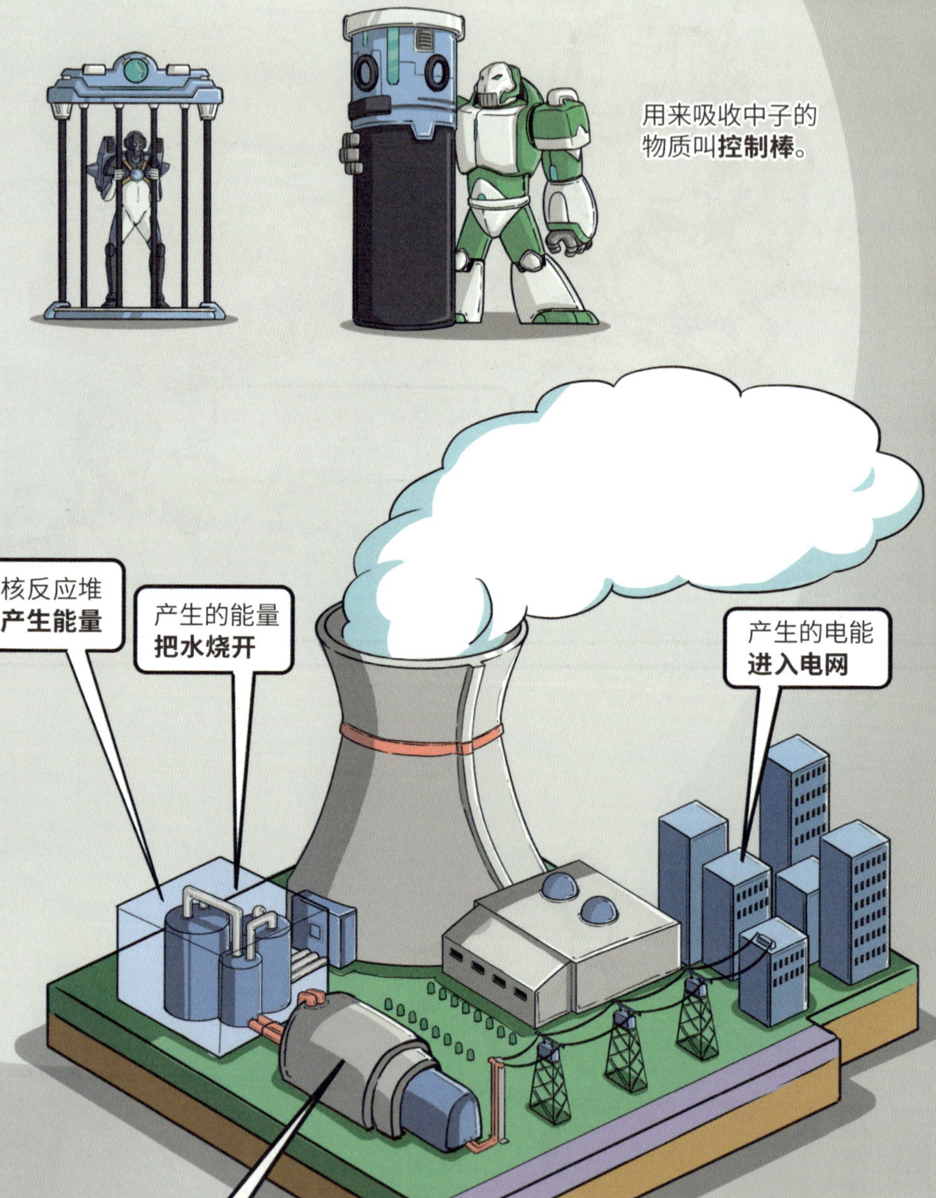
用来吸收中子的物质叫**控制棒**。
核反应堆**产生能量**
产生的能量**把水烧开**
产生的电能**进入电网**
水蒸气带动发电机发电

核能产生的能量非常大。
有多大呢？给大家做个比较。

你看，我手里乒乓球这么大的铀，裂变产生的能量，
相当于两节动车车厢那么多的煤完全燃烧所产生的能量。

还有一种更厉害的反应叫作**核聚变**。
这个反应是怎么回事呢？我们要从氢说起。

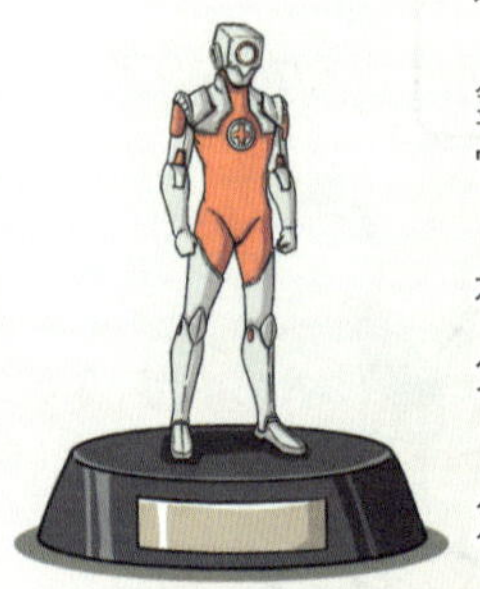

氢是世界上最小的原子，
它的原子核里只有一个质子。

有两个跟它很像的组合，行话叫作同位素，
分别是**氘**（dāo）和**氚**（chuān）

氘和氚就是核聚变常见的一对主角。

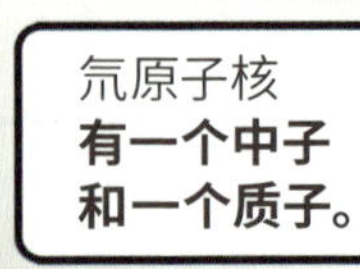

氚原子核
有两个中子
和一个质子。

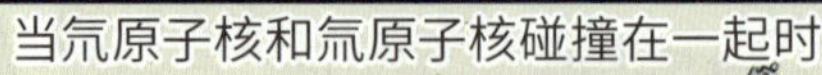

会发生反应。

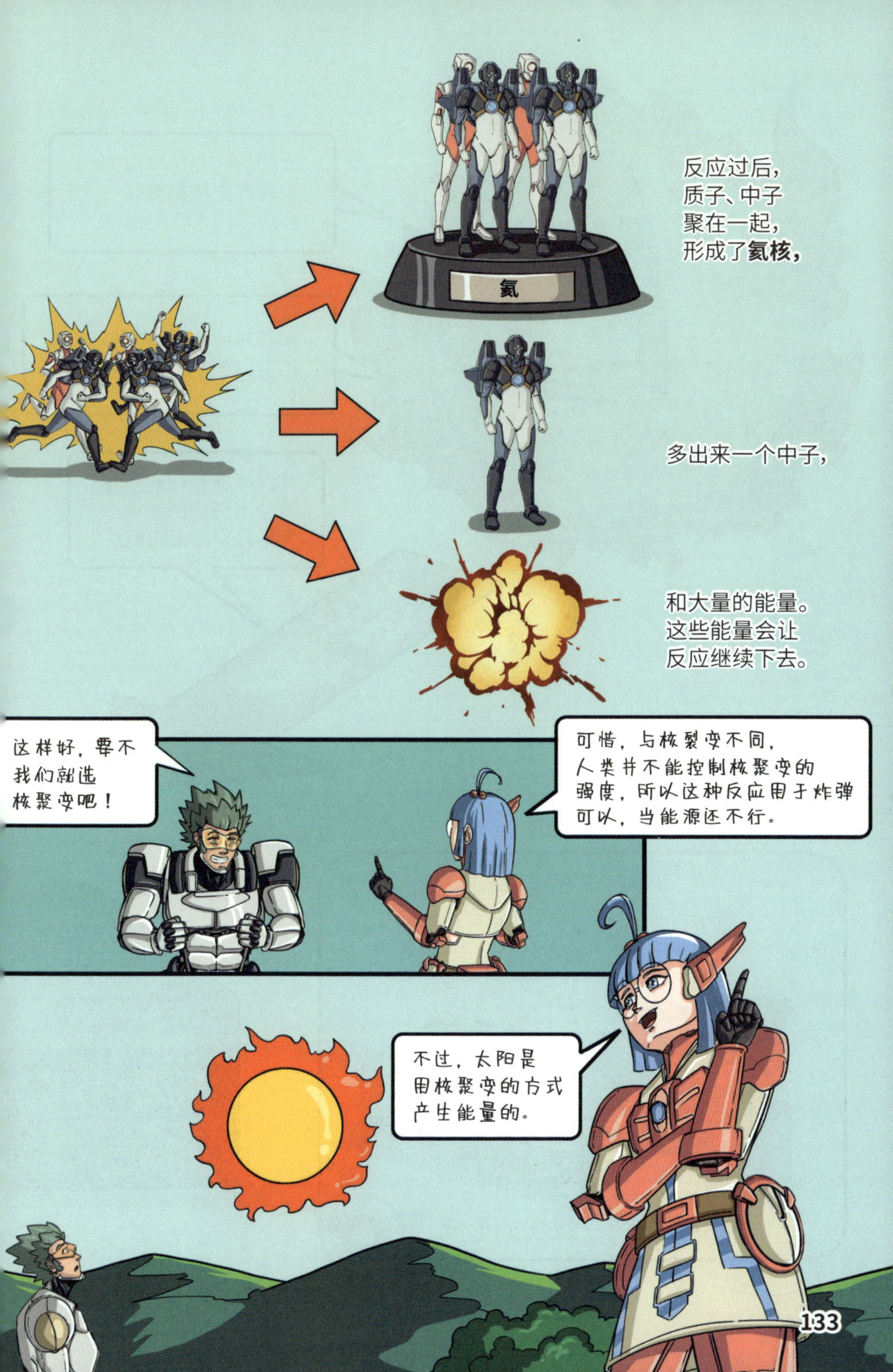

反应过后，
质子、中子
聚在一起，
形成了**氦核，**
氦
多出来一个中子，
和大量的能量。
这些能量会让
反应继续下去。
这样好，要不
我们就选
核聚变吧！
可惜，与核裂变不同，
人类并不能控制核聚变的
强度，所以这种反应用于炸弹
可以，当能源还不行。
不过，太阳是
用核聚变的方式
产生能量的。

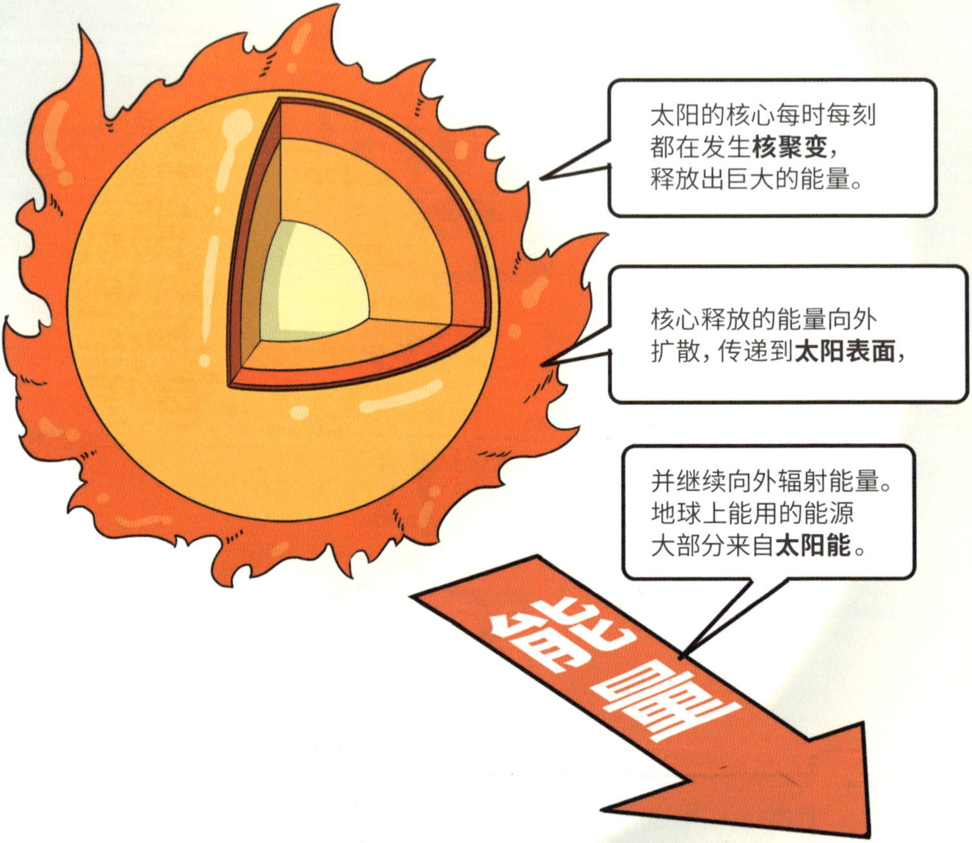

太阳的核心每时每刻
都在发生**核聚变**，
释放出巨大的能量。

核心释放的能量向外
扩散，传递到**太阳表面**，

并继续向外辐射能量。
地球上能用的能源
大部分来自**太阳能**。

能量

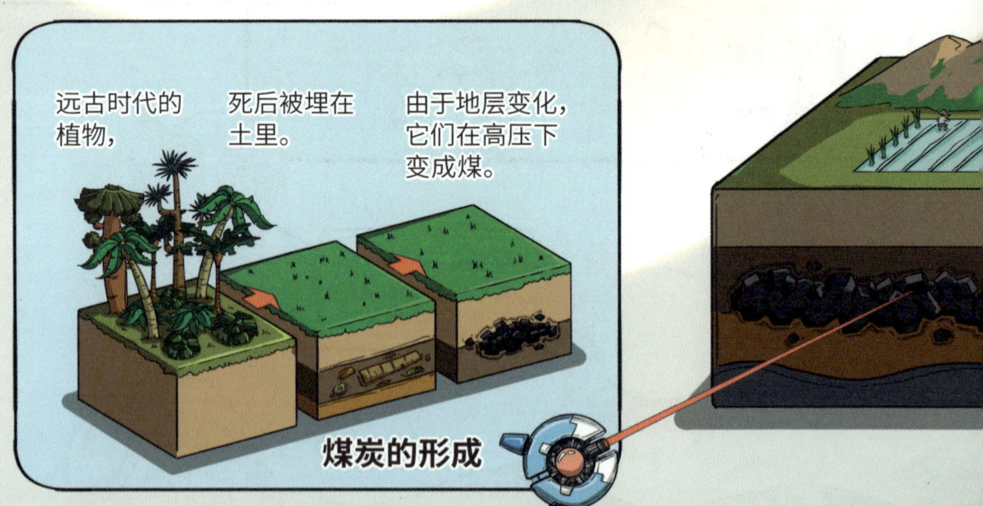

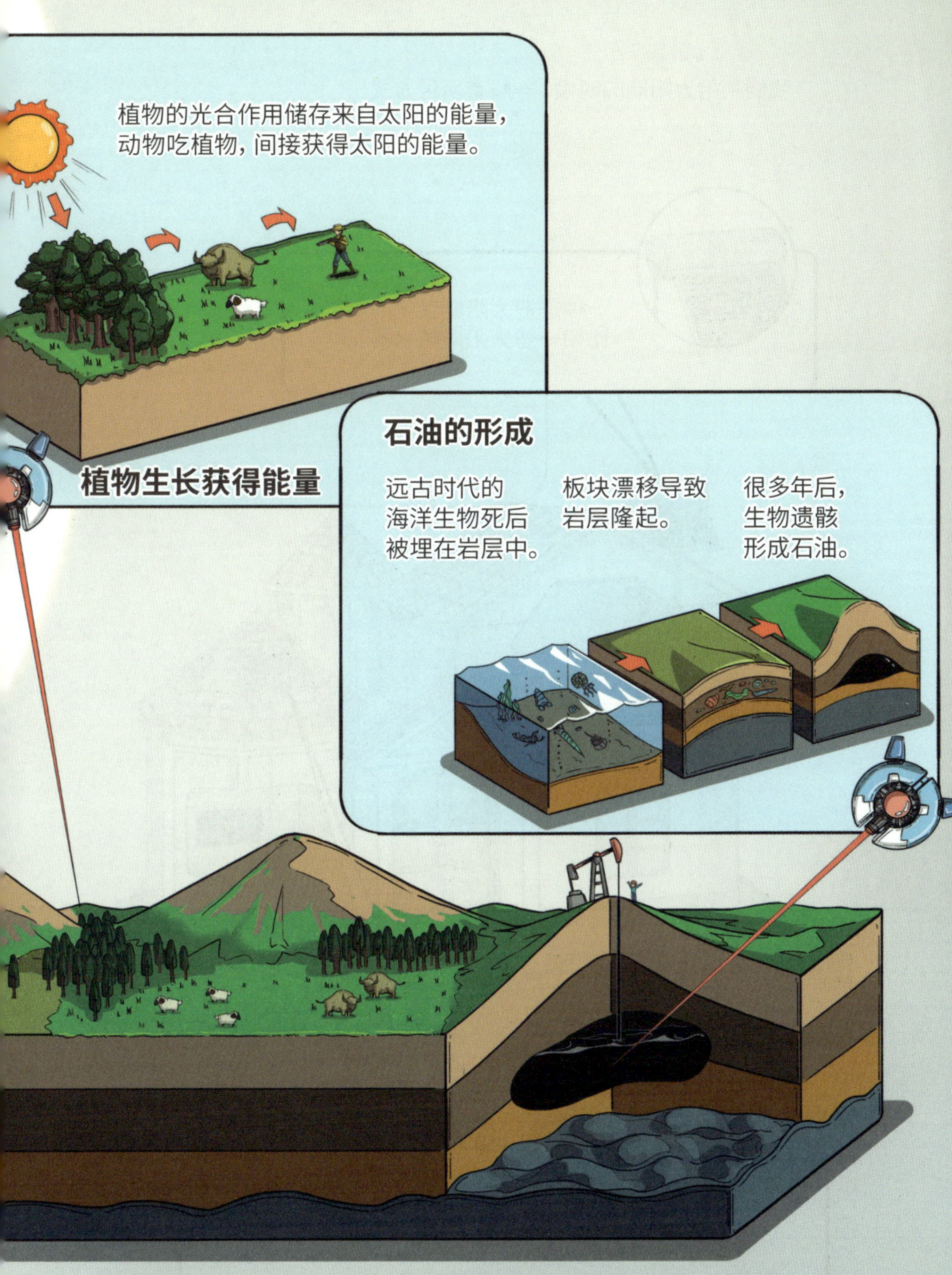

我们现在用的化石燃料，
其实就是远古时代的太阳能。

我们利用太阳能的时候，一般有两种方式：

STONEKNOWS
说了这么多，感觉还是
核能和太阳能最合适，
就选这两种能源吧！
就这样，大能和满芬踏上去冥王星的旅途。
未来还会遇上什么困难呢？我们以后再讲。

小结

SUMMARY

1 核裂变

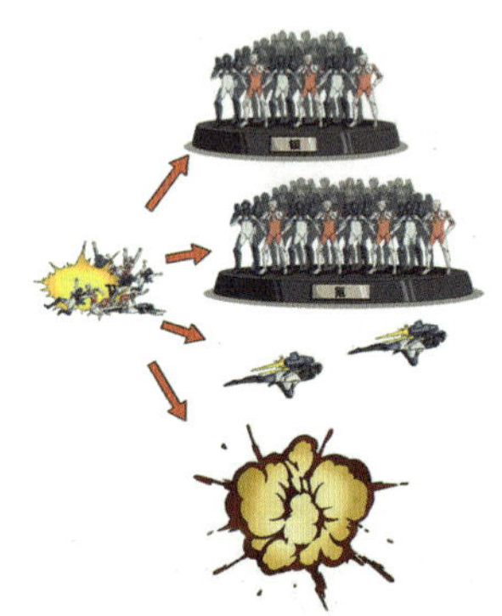

核反应分为核裂变和核聚变。核裂变会在很短的时间里释放出巨大的能量。如果我们在反应过程中控制反应速度，使能量产生的速度减慢，就可以利用核能来进行发电。

2 核聚变

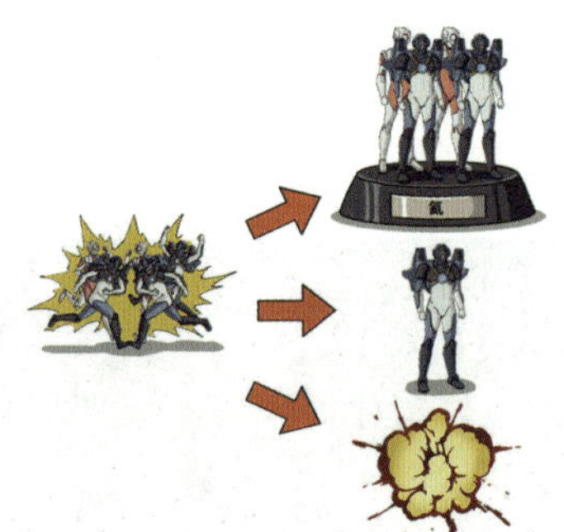

核聚变也叫热核反应，是两个质量较小的原子核在超高温下结合，生成新原子核的过程。这个过程会释放出巨大的能量。

太阳产生能量的原理就是核聚变。

3 太阳能

目前人类使用太阳能的方式主要有两种：直接用太阳照射加热和用太阳能电池将太阳能转化成电能。

我们现在常用的化石燃料，其实是远古时代的动植物形成的。从某种意义上来说，我们现在用的化石能源其实是远古时代储存下来的太阳能。